Ma grand-mère
et le Pays de la poésie

De la même autrice

La Princesse et le Pêcheur, Actes Sud, 2007 ; Babel, 2009.

Le Lac né en une nuit et autres légendes du Viêtnam, Actes Sud ; Babel, 2008.

La Double Vie d'Anna Song, Actes Sud, 2009 ; Babel, 2020.

Voyageur malgré lui, Flammarion, 2014 ; Babel, 2023.

Les Écrivains et le Fait divers. Une autre histoire de la littérature, Flammarion, 2016.

Les Inconsolés, Actes Sud, 2020 ; Babel, 2022.

Un enfant sans histoire, Actes Sud, 2022.

Ton frère, Nil, 2024, coll. « Les Affranchis ».

Minh Tran Huy

Ma grand-mère et le Pays de la poésie

roman

Flammarion

Pour l'écriture de ce livre, l'autrice a bénéficié d'une aide du Centre national du livre.

ISBN : 978-2-0804-5095-1

À mes grands-parents, ceux que j'ai connus
et ceux que je n'ai pas pu connaître.

« L'écriture est le souvenir de leur mort et l'affirmation de ma vie. »

Georges PEREC,
W ou le Souvenir d'enfance

L'enfance est une vieille dame aux mains blanches, aux cheveux lisses et aux yeux sombres. Le chignon fixé par une barrette de nacre, le cou ceint d'un foulard de soie, tu te tiens aux côtés de la petite fille que j'étais. Ayant vécu au rythme de la mousson, dans la lumière aveuglante et la moite chaleur du Vietnam, tu ne t'es jamais habituée au climat français, son soleil timide et son ciel gris, sa bruine et ses bourrasques. Tu as toujours peur de prendre froid et passes ton temps à t'envelopper d'étoles, de châles, d'écharpes. S'y fondent le *Chanel N° 5* dont tu poses une goutte derrière l'oreille et sur le poignet chaque matin, et l'odeur du lait à l'amande douce que tu passes régulièrement sur ton visage. J'adore ces senteurs mêlées. Il me suffit de les respirer pour accéder à un état d'apaisement, d'absolue tranquillité, que j'aurai toutes les peines du monde à retrouver une fois adulte.

Tu habites chez mes parents depuis ton arrivée en France, en 1976 – je suis née en 1979 – et tu ne restes jamais inactive : tu vas et viens dans la maison du matin au soir et du soir au matin, ranges avec méthode le produit de tes courses au retour du supermarché – dans lequel tu te repères grâce aux étiquettes, faute de déchiffrer les indications en français – secoues un rideau que la femme de ménage a négligé de dépoussiérer, recouds un bouton sur une chemise ou un manteau, fais chauffer le riz dans l'autocuiseur pour le déjeuner et le dîner tout en éminçant légumes, viande, oignons. Tu prends soin de moi avec constance, obstination même, et m'accables de consignes auxquelles je me plie avec mauvaise volonté, agacée de toutes ces obligations, de la représentation du monde qui en ressort, l'extérieur vu comme une menace, une source potentielle de nuisances contre lesquelles il faut se prémunir : « Couvre-toi davantage, tu vas attraper mal à la gorge », « Tu regardes trop la télé, ce n'est pas bon pour tes yeux », « Bois ton lait, sinon tu seras toute ratatinée »… Mes parents travaillant – à Paris pour mon père informaticien, en banlieue pour ma mère chercheuse en chimie – c'est toi qui t'occupes de moi. Tu me réveilles, me baignes, m'habilles, viens me chercher à l'école, me donnes à goûter, me lis des histoires.

Les absents n'ont pas toujours tort. Quand on est enfant, ils nous manquent, alors on les guette ; on les espère. Tes éternelles admonestations ont beau témoigner de ton souci pour ma petite personne, les mystérieuses tâches auxquelles s'adonnent mes parents me séduisent davantage puisqu'elles les retiennent loin de moi. J'imagine ma mère, ta belle-fille, revêtant blouse blanche et lunettes de protection géantes pour manipuler, derrière un auvent carrelé, des fioles emplies de liquides bleu, jaune et rouge qu'elle chauffe et refroidit tour à tour, concoctant avec une armada d'assistants toute une cuisine de vapeurs multicolores et de fumées blanches, nées des réactions et interactions entre les divers produits qui glissent et gouttent pour se mélanger dans l'entrelacs des tubes et des alambics. J'ai plus de mal à me représenter les activités de mon père, ton fils ; je le vois taper des séquences de chiffres sur un écran d'ordinateur, mais ne m'attarde guère sur cette image, qui ne m'inspire pas. Je préfère admirer que son poste l'amène à se déplacer à l'étranger, aux États-Unis notamment, au gré de missions dont il me rapporte des objets aussi kitsch qu'exotiques que j'examine avec fascination – T-shirts à imprimés californiens, pierres volcaniques, scorpions figés dans des boules d'ambre venus d'Arizona.

Toi, tu ne me quittes jamais. Tu es un personnage du quotidien, dont l'omniprésence n'est pas propice à la rêverie. Je te suis infiniment attachée, mais notre proximité m'aveugle. Il ne me vient pas à l'idée de t'interroger sur ta vie présente ou passée : la première se confond avec la mienne, la seconde est presque impossible à concevoir pour la fillette que je suis – je n'imagine pas plus ton existence sans moi que mon existence sans toi.

À l'époque, mes liens avec toi sont aussi étroits que ceux avec mes autres grands-parents sont lâches ; mes grands-pères sont morts et mon autre grand-mère, la mère de ma mère, se trouve toujours au Vietnam, où je ne me suis jamais rendue. En grandissant, j'ai pourtant appris à me défaire de certaines certitudes. Ainsi, le 14 Juillet n'était pas seulement le jour de la prise de la Bastille, mais aussi celui de l'anniversaire de ma grand-mère, coïncidence qui m'amusait beaucoup – la première fête contenait la seconde à la façon d'une matriochka. Les feux d'artifice et les défilés, c'était aussi un peu en ton honneur, pensais-je. Ce n'est qu'à l'adolescence, au détour d'une discussion avec ton fils, que j'appris que tout cela reposait sur une invention. Soit que la minuscule bourgade du Vietnam où tu avais vu le jour eût omis de tenir un registre des naissances, soit que ce dernier eût brûlé ou été égaré du fait de la guerre, tu ne disposais d'aucun certificat officiel au moment de préparer ton départ pour la France, et, plus tard, de recevoir de nouveaux papiers. Un fonctionnaire de l'administration française avait donc choisi pour toi une date, lourdement symbolique, de naissance autant que de renaissance, pour signifier ton appartenance à ta nouvelle patrie – on aurait tout aussi bien pu te demander d'arborer l'écharpe tricolore ou de te coiffer du bonnet phrygien au moment de descendre de l'avion. Tu n'y aurais pas vu d'inconvénient, de même que de se voir attribuer la date du 14 Juillet pour anniversaire t'était indifférent : tu ne le fêtais jamais. Peut-être ignorais-tu sa date véritable, car on avait bien d'autres choses à penser, dans le Nord-Vietnam rural et laborieux où tu étais venue au monde, qu'à souffler des bougies sur un gâteau à la fin d'une chanson.

Je n'ai jamais su ton âge exact et j'ai également une idée approximative de la signification de ton prénom, alors qu'il en a une, bien sûr, comme tous les prénoms vietnamiens. C'est qu'il n'a jamais eu beaucoup d'importance, car pour moi, tu étais *Bà* – « grand-mère ». Tu l'es d'ailleurs restée. Petite fille, je faisais entendre des « *Bà oi ! Bà oi ! Bà oi !* » qui retentissaient dans toute la maison dès lors que je m'étais fait mal, que j'avais faim, soif, envie d'aller me promener ou de faire un caprice. Tu accourais aussitôt pour me consoler, accéder à ma demande ou au contraire me gronder en m'adjurant d'être raisonnable. Peu importait, au fond, du moment que tu apparaisses près de moi, que je puisse compter sur toi, tes mots, tes bras.

Bà : dans ce sourd murmure, cette syllabe brève et basse, pareille à un point d'appui éprouvé, se trouvent inscrits et résumés l'alpha et l'oméga de toute mon enfance, surtout si l'on y adjoint son pendant, *Con*. En vietnamien, l'on ne dispose pas de pronoms personnels comme « je » ou « tu », on se désigne et désigne son interlocuteur selon l'âge et la position que l'on occupe l'un par rapport à l'autre. Pour dire « tu », je disais donc *Bô* en m'adressant à mon père, *Me* en m'adressant à ma mère, *Bà* en m'adressant à toi et *Con* pour dire

« je » avec vous trois – *Con* qui ne signifie d'ailleurs pas « petit-enfant » mais « enfant », comme je l'ai découvert en sortant de la bulle familiale.

Lors d'une fête réunissant des dizaines de membres de la communauté vietnamienne à la Pagode, j'ai entendu d'autres petits-enfants se désigner sous le terme de *Châu* quand ils s'adressaient à leurs grands-parents. Je t'ai demandé la solution de ce mystère et tu m'as tranquillement répondu que *Châu* voulait dire aussi bien « petit-fils » que « petite-fille » mais, qu'étant l'enfant de ton enfant, j'étais quasiment ton enfant, et qu'il n'y avait donc aucun inconvénient à ce que j'emploie *Con*. Avec un mélange d'innocence et de naturel, tu m'as fait sans même t'en apercevoir l'une des déclarations d'amour les plus absolues que j'aie reçues : tu me considérais comme la chair de ta chair et c'était si évident qu'il n'y avait pas besoin de le dire. Ou plutôt, que tu le disais et redisais chaque heure de chaque jour.

Je n'ai jamais été ni *Minh* ni *Châu* pour toi, et je n'ai pas davantage utilisé ton prénom ; c'est à peine si je l'ai entrevu sur les courriers que tu recevais, ces lettres fines comme du papier à cigarette, bordées d'un liseré rouge et bleu, qui arrivaient par avion d'un pays dont je ne savais rien et dont tu venais pourtant, toi dont je pensais tout savoir, un pays dont je pratiquais la langue et mangeais les plats traditionnels, un pays auquel mon teint, mes traits, mes yeux bridés ne cessaient de me renvoyer, mais où je n'avais jamais mis les pieds. Les rares fois où j'ai demandé à ton fils, mon père, ce que ton prénom voulait dire, j'oubliais la réponse qu'il me donnait. Ce n'était pas le cas pour son prénom à lui, *Hoan* (« univers »), comme il nous l'avait expliqué avec malice, et nous avions tous ri de bon cœur tant cela en disait long sur la place que toi, sa mère, avais voulu qu'il occupât alors même qu'il n'était pas encore né, et les ambitions démesurées que tu avais pour lui. Tu as continué d'exprimer l'attachement quasi sacré que tu lui vouais tout au long de l'âge adulte en le traitant comme s'il était toujours un petit enfant : tu lui réservais les meilleurs morceaux dans les plats que tu préparais, insistais pour qu'il se couche plus tôt, n'hésitais pas à courir après lui dans la rue pour lui porter écharpe, gants et bonnet. Il était tout ton « univers », en effet, et seuls les petits-enfants qu'il t'avait donnés pouvaient éventuellement rivaliser avec lui.

Plus tard, j'ai découvert que cette interprétation était aussi approximative que la date de naissance figurant sur tes papiers. Mon père me l'a dévoilé par inadvertance, en racontant une anecdote sur les premiers mots qu'il avait appris à lire. À six ans, alors qu'il revenait de l'école, il avait déchiffré les tablettes de l'arbre généalogique de la famille placées sur l'autel des ancêtres. Gonflé de son savoir tout neuf, il avait alors fait observer que son nom avait été mal orthographié. On y avait ajouté un *g*, transformant *Hoan* en *Hoang*. Après quelques tergiversations, tu lui avais avoué que l'inscription se rapportait à quelqu'un d'autre : ton fils aîné, qui était décédé avant sa naissance, et dont vous ne lui aviez soufflé mot.

Or, *Hoang* fait référence à une teinte, le jaune, qui est la couleur impériale, la couleur de la gloire et de la majesté, mais aussi celle de la mort – les « Sources jaunes » désignent l'au-delà, le pays d'où l'on ne revient pas. Le destin de ton aîné était pour ainsi dire inscrit dans son prénom, tout comme celui de ton cadet l'était dans le sien. À l'instar de la plupart des mots en vietnamien, dont le sens varie suivant les inflexions qu'on leur imprime, *Hoan* ne signifie pas seulement « univers ». Il veut également dire « celui qui vous est rendu ». Le restitué – le remplaçant. Il avait été établi depuis sa naissance que mon père serait à jamais le fantôme d'un fils perdu, et il n'apprendrait rien de plus sur le disparu, du reste, car tu n'as pas eu le désir, ou le cœur, de t'attarder sur son triste destin.

Quand ton fils m'a fait ce récit, j'ai eu une pensée désolée pour l'oncle que je ne connaîtrais jamais, dont la brève existence avait été réduite à une ligne sur une tablette égarée depuis lors, et probablement détruite. Puis j'ai songé que mon père avait attendu plus longtemps encore pour me livrer cette histoire que tu ne l'avais fait, offrant un nouvel exemple d'une pratique éprouvée, celle du silence, transmise fidèlement de génération en génération. Un silence qui n'est pas tant familial que culturel, si j'en juge par le nombre de contes vietnamiens qui le mettent en scène, comme *L'Ombre du père*.

Autrefois vivait un couple de paysans dans un petit village. Ils menaient une vie modeste mais heureuse et attendaient un enfant, lorsque l'homme reçut un ordre de mobilisation. Il fut forcé de partir combattre sur le front, laissant les siens vivre comme ils le pouvaient dans la chaumière de terre qu'il avait bâtie de ses propres mains. Le bébé vint au monde une dizaine de jours après le départ de son père, et sa mère l'éleva seule, non sans difficulté. Elle travaillait toute la journée à la rizière, et multipliait dans le même temps les menus travaux pour subvenir à leurs besoins ; il ne lui restait guère que le soir pour s'occuper de son petit garçon.

Deux automnes passèrent sans qu'elle reçût de nouvelles de son mari. L'enfant balbutiait ses premiers mots et bientôt commença à réclamer son père. Elle ne savait quoi lui répondre. Un soir que l'orage tonnait avec rage, le petit, effrayé, se blottit contre elle et se mit à pleurer. Allumant une petite lampe à huile qui trônait à son chevet, la mère désigna alors son ombre, projetée sur le mur qui leur faisait face : « N'aie pas peur, mon chéri. Regarde, ton père est là, il veille sur nous. » L'enfant sécha d'un coup ses larmes, rassuré. Sa mère lui montra comment joindre les mains pour saluer son père. Depuis lors, pas un soir ne passa sans qu'elle allumât la lampe pour lui permettre de le voir et de s'incliner devant lui avant de se coucher. C'était devenu un rituel auquel son fils se pliait volontiers, heureux de voir qu'ils n'étaient plus seuls.

Après plusieurs années, la guerre prit fin et le mari revint à la maison. Toute à la joie des retrouvailles, son épouse décida de fêter son retour. Elle s'en alla acheter quelques provisions au marché afin d'honorer les ancêtres et de préparer un festin. Durant son absence, l'homme eut tôt fait d'apprivoiser son fils, qui se confia sans retenue. Il se heurta toutefois à son refus lorsqu'il lui demanda de l'appeler « père ». « Vous n'êtes pas mon père, rétorqua le petit garçon. Mon père vient nous rendre visite tous les soirs. Je le salue avant d'aller au lit, et il reste avec ma mère. » Le malentendu était inévitable. Le mari conclut des innocentes paroles de l'enfant que sa femme avait pris un amant alors qu'il risquait sa vie sur le front.

Lorsque la femme revint du marché, le sourire aux lèvres, et qu'elle déclara vouloir préparer la cérémonie d'offrandes aux ancêtres, celui-ci lui opposa un silence glacial. Frappée de son air sombre, elle n'osa ajouter un mot. Refusant par fierté de l'interroger, et alors même qu'il brûlait d'être détrompé, le mari garda pour lui ses soupçons. Cependant ses gestes parlaient pour lui : il déroula la natte destinée à accueillir ses prières devant l'autel, et se prosterna à maintes reprises ; mais dès que ce fut le tour de sa femme, il s'empressa de replier la natte sans lui laisser le temps de s'exécuter. Le regard lourd de chagrin, celle-ci ne protesta pas. Elle disposa trois bols et trois paires de baguettes, et servit le riz fumant. Le mari le laissa refroidir sans y toucher, tandis qu'elle nourrissait l'enfant, la gorge serrée. Pour finir, il quitta la table et, son sac sur le dos, franchit le seuil de la porte sans se retourner.

L'épouse manqua devenir folle devant ce comportement incompréhensible. Elle attendit quelque temps son mari, espérant qu'il reviendrait et s'expliquerait. Mais les jours passaient et elle restait sans nouvelles. À la longue, la douleur d'être abandonnée sans même savoir pourquoi devint intolérable. Elle finit par se rendre au bord du fleuve, et s'y noya.

La nouvelle de sa mort parvint à son mari. Pris de remords, il décida de retourner au village pour prendre soin de son fils. Le soir tombé, il alluma la mèche de la petite lampe à huile afin d'avoir un peu de lumière. Quelle ne fut pas sa surprise de voir l'enfant joindre les mains et s'incliner devant son ombre en l'appelant « père » ! Il comprit tout. Il était trop tard, malheureusement, pour réparer sa funeste erreur... Il éleva un temple à la mémoire de celle qui n'avait pas failli et, tout en s'efforçant d'être un bon père, resta toute sa vie fidèle à celle qu'il avait si injustement soupçonnée.

Tu ne m'as parlé qu'une fois du passé.

C'est l'un de mes souvenirs les plus anciens. Nous sommes dans ta chambre, où tout est brun, marron ou crème : rideaux, moquette, papier peint, mur tapissé de liège et décoré d'un laque représentant une forêt devant laquelle paradent des cerfs dorés. Tu considères que ce sont les tons qui conviennent à ton âge et choisis les mêmes couleurs automnales pour t'habiller. Je dois avoir cinq ou six ans et je suis couchée dans ton lit, blottie dans tes bras pour notre sieste quotidienne bien que je n'aie aucune envie de dormir et ne comprenne absolument pas pourquoi je dois me plier à ce rituel que je trouve stupide.

Personne ne m'a expliqué qu'au Vietnam, il fait si chaud à ce moment de la journée qu'il n'y a pas d'autre choix. À la ferme où tu as grandi, comme à celle où tu as habité plus tard avec ton mari, on se levait très tôt pour abattre sa besogne, se reposait quand le soleil était au plus haut et reprenait dans l'après-midi, lorsque les températures étaient redevenues supportables. Notre sieste était une survivance de ce temps-là, et tu étais certaine que le sommeil permettait de grandir – de même que les mangues font tousser, qu'il faut cuire et recuire le bœuf pour « tuer les microbes », et que les œufs sont prohibés la veille des examens, leur forme appelant le zéro pointé.

J'essayais sans cesse de m'échapper du lit, guettant l'instant où tu me semblerais suffisamment assoupie pour tenter de glisser hors de ton étreinte. J'échouais à chaque tentative : un instinct surnaturel te faisait rabattre le bras sur moi chaque fois que je croyais ta vigilance réduite – le calme et la profondeur de ta respiration semblant témoigner d'un sommeil imperturbable – et tu me ramenais auprès de toi d'un geste ferme, sans réplique.

Un jour, j'ai commencé à jouer avec la bague que tu portais au doigt, un anneau en or jaune dont les ciselures ont été aplaties par les années. Elle était si déformée qu'on l'aurait crue faite de pâte à modeler, maladroitement façonnée par un enfant. Je passais et repassais le doigt sur les motifs presque effacés, comme si je pouvais y détecter un message caché. Je t'ai posé une question : grand-père était-il si pauvre qu'il n'avait pas eu les moyens de t'offrir une alliance neuve ? Après un temps, tu as répondu qu'il ne s'agissait pas d'un anneau de mariage, mais d'un héritage provenant de ta mère et se trouvant dans ta famille depuis des générations et des générations. Le bijou avait perdu sa beauté, sans doute, mais il ne constituait pas moins ton seul lien avec les femmes qui t'avaient précédée, et tu y tenais beaucoup.

Quant à ton alliance, cela faisait près de trente ans que tu ne l'avais plus au doigt. Tu t'en étais toi-même défait dans des circonstances que tu m'as décrites d'une voix sourde – comme si tu retenais l'histoire en toi depuis si longtemps que tu ne pouvais la ramener au jour qu'en l'entourant d'infinies précautions.

Tu m'as parlé du temps où mon grand-père était encore vivant, et ce fut comme si le monde s'ouvrait en deux.

Contrairement à ce que je croyais, vous aviez fait un mariage d'amour, chose peu évidente en des temps où les entremetteuses, les échanges de présents et les astrologues chargés de vérifier si les dates de naissance des deux promis s'accordaient, jouaient un rôle bien plus important dans l'affaire – car c'en était une – que les sentiments des futurs époux.

Vous vous étiez rencontrés au marché, alors que tu étais en visite chez une cousine. Vos regards se sont croisés sous le soleil de midi, au milieu de la foule grouillante de bruits, de couleurs et de parfums, et vous en êtes restés pétrifiés. Vous vous êtes dévisagés sans un mot, devenus soudain sourds et aveugles au reste – les harangues des vendeurs de soupes et d'œufs couvés, les étals des marchands de fruits et de grains, les clients qui déambulaient en tâchant d'obtenir au meilleur prix une poule ou un canard, des cannes à sucre ou des fruits du dragon, une théière de terre cuite ou des bols de bambou. Tu n'avais pas la moindre idée de l'identité du jeune homme qui se trouvait là, à deux pas, et qui te contemplait fixement, comme si un fil invisible, tendu comme un arc, reliait vos pupilles, mais tu as en un éclair acquis la certitude que tu venais de rencontrer la seule personne que tu aimerais jamais – la seule avec qui passer sa vie serait non un devoir, mais une évidence.

Il faut moins d'un mois à ton prétendant pour faire sa demande. Moins d'une année pour que tu revêtes le costume de noces, un *ao dai* rouge brodé de fleurs dorées et assorti d'une coiffe de satin. Aux rituels précédant le mariage (tirage des horoscopes, visites, cadeaux) succèdent ceux du grand jour. Les hommes composant le cortège du marié transportent sur de larges plateaux laqués du vin, du thé, des fruits, de l'encens, des fleurs, des gâteaux de riz, des régimes de noix d'arec et des feuilles de bétel, symboles de l'amour familial et conjugal. Ils s'avancent les uns derrière les autres jusqu'au portail de la maison de tes parents où les femmes du cortège de la mariée réceptionnent solennellement les plateaux pour les déposer auprès de l'autel des ancêtres.

C'est devant ce dernier que mon grand-père glisse l'anneau symbolisant votre union à ton doigt, toi qui apparais radieuse dans ta parure d'un jour. Chacun des invités lève alors son verre à votre santé avant de vous remettre des enveloppes rouges frappées d'idéogrammes dorés. Puis tous se régalent de canard, de soupe de crabe aux asperges, de petits pâtés fourrés à la viande de porc, de salade de méduse, de brioches parfumées. Tandis que l'on festoie, ton regard revient régulièrement se poser sur ta bague, qui étincelle au soleil. Tu es heureuse.

Vous vous installez dans le petit village du nord du Vietnam où ton mari est né, au cœur du delta du fleuve Rouge. J'imagine une maison traditionnelle, construite tout en long, avec un salon de réception et deux grandes chambres dont les meubles sont en bois sculpté, mais je sais que vous possédez également une deuxième demeure qui fait l'admiration de vos voisins car elle a été bâtie « à l'européenne », c'est-à-dire dotée d'un sol surélevé, d'un toit de tuiles et d'un premier étage, quand celles des autres villageois se réduisent à un simple rez-de-chaussée sur terre battue coiffé de chaume de cocotier et clôturé de bambou.

Le chemin qui mène jusqu'à elle, passant entre deux mares poissonneuses, est bordé de mûriers blancs que grignotent des vers à soie. Un grand longanier ombrage sa façade, qui donne des grappes de fruits à l'écorce brune découvrant une chair transparente, claire comme l'eau, et tout aussi rafraîchissante. Un arbre à pommes cannelle se dresse à sa droite, avec une cour carrée où l'on fait sécher le *paddy* ; à l'arrière, un jardin où une vingtaine de volailles picorent la terre en quête de vers et d'insectes ; sur la gauche, une porcherie où s'ébattent une truie et ses douze petits.

Gens honnêtes, durs à la tâche, vous ne caressez pas d'autre ambition qu'une existence laborieuse et paisible qui vous permette d'agrandir le petit patrimoine destiné à vos enfants avant de vieillir ensemble et de mourir dans votre lit. Et tel aurait peut-être été votre destin si vous aviez vécu en des temps plus calmes – seulement, en cette fin des années quarante, les affrontements se multiplient entre les Français et les Vietnamiens désireux de rendre l'indépendance à leur pays. Ton époux et ton beau-père dirigent le comité de résistance local ; ils sont membres du Vietminh, qui regroupe officiellement les patriotes de toutes obédiences en étant dans les faits largement dominé par les communistes – rares sont ceux qui, comme mon grand-père et mon arrière-grand-père, occupent une telle place dans la hiérarchie sans appartenir au Parti.

Le réseau se réunit régulièrement pour échanger des informations, lancer des opérations de sabotage, débattre du partage des responsabilités dans le Vietnam à venir. Un beau matin de printemps, mon grand-père et mon arrière-grand-père se lèvent très tôt afin de retrouver leurs compagnons, car le lieu de rendez-vous est plus éloigné que de coutume. Ils longent la haie de mûriers blancs, passent l'arbre à longanes et la mare aux lotus où repose la vaisselle de porcelaine que toi et ton mari avez reçue en cadeau de noces et que l'on a dissimulée là dans l'espoir qu'elle échappe aux soldats venant régulièrement piller la ferme.

Comme toujours, tu attends le retour de ton époux et, comme toujours, l'attente devenant insupportable, tu te lances dans une débauche d'activités domestiques pour te distraire. Tu dépoussières les étagères, secoues les nattes, lessives le sol et les murs à grande eau, saisie d'une frénésie qui tâche de masquer l'angoisse qui t'envahit chaque fois que ton époux et ton beau-père quittent la propriété pour ces rassemblements dont ils reviennent immanquablement épuisés et soucieux. Ce faisant, tu as l'impression de te laver l'esprit, de le vider de toute crainte, de toute pensée. Ton stratagème se révèle efficace : toute à ton travail, tu cesses de prêter attention à quoi que ce soit d'autre. Jusqu'au moment où tu te rends compte du retard pris par les deux hommes, qui auraient dû rentrer depuis plusieurs heures déjà.

Tu ignores encore qu'à l'issue de la réunion, ils ont été capturés avec tous les autres participants. Nul n'a protesté et ils se sont laissé faire ; ils pensaient avoir été dénoncés et devoir plaider leur cause un peu plus tard auprès des autorités. En réalité, les communistes, comme partout à cette époque, ont décidé de noyauter le réseau ; ils ont organisé cette fausse arrestation générale. Les membres du Parti sont relâchés presque aussitôt tandis que mon grand-père et mon arrière-grand-père sont emprisonnés, torturés, puis conduits quelque part dans la jungle et exécutés.

Le soir, puis le matin, arrivent, et tu comprends qu'ils ne reviendront pas. Tu gardes la tête froide. Tu habilles tes enfants, rassembles tes rares bijoux, quelques vêtements et des provisions. Un bagage léger, car il faut fuir, et tout de suite. Aussi ne jettes-tu qu'un bref coup d'œil alentour, fixant une dernière fois le paravent de laque offert par ton époux pour votre mariage. Il est incrusté de motifs symbolisant les quatre saisons : pivoine, lotus, chrysanthème, fleur de prunier. Le cycle de la vie – cette vie que vous pensiez passer ensemble.

Et puis, sans un mot, sans une larme, tu t'en vas, portant ta petite fille et donnant la main à ton fils qui n'ose pas te demander ce qui se passe.

Tu n'imaginais pas qu'il suffirait de quelques heures pour tout perdre – ton père, l'homme que tu aimais, votre maison, tout ce que vous aviez construit, prévu, espéré.

Il faut marcher plusieurs heures pour gagner le chef-lieu de Thai Binh, alors tenu par les Français, et qui offre de ce fait une relative sécurité. Vous vous installez tous trois dans une paillote. Pour subvenir à vos besoins, tu combines diverses activités. Tu fabriques, par exemple, un vinaigre artisanal et démarches les restaurateurs, qui s'en servent pour parfumer leurs plats – leurs beignets de crevette en particulier. Un système se met peu à peu en place : en échange d'un flacon de vinaigre, ils te remettent l'ancien, vide, que tu remplis à nouveau avant de le remettre en circulation. Tu proposes aussi des nécessaires à couture permettant de rapiécer tissus et vêtements – dé, aiguille, ciseaux, fils de toutes les couleurs. On ne jette rien, en cette période de pénurie, et cette mercerie ambulante te rapporte quelques précieuses piécettes.

Comme cela ne suffit pas, tu pioches dans tes maigres économies pour t'acheter une machine à coudre et suis une formation. Tu veux confectionner des taies d'oreiller à cinq piastres l'une, songeant qu'une fois le tour de main pris, tu pourras sans peine accélérer la cadence et gagner ainsi de quoi loger, nourrir et vêtir tout ton petit monde. Tu n'as pas prévu que la demande ne suivra pas tes capacités de production, et que l'usage de la machine va se répandre. Mois après mois, tes journées s'allongent tandis que les prix sont divisés par trois, puis par cinq, et tu en viens à gagner toujours moins pour un travail toujours plus conséquent ; les cadences infernales menacent de t'épuiser et la famille bascule insensiblement de la pauvreté au besoin, et du besoin à la misère.

Tu vends tout ce que tu peux vendre ; tes possessions partent une à une, à l'exception d'une vieille photo de ton mari et de ton alliance. Il n'y a pas grand-chose à manger, plus rien à se mettre sur le dos, et les enfants couchent à même le sol. Les temps sont durs, mais tu survis, ton fils aussi. Mais ta petite fille... Ta petite fille tombe très malade. Des diarrhées abominables qui l'assoiffent terriblement. Comme elle ne sait pas encore se tenir debout, elle se traîne à quatre pattes pour réclamer sans cesse à boire. Il lui faudrait un docteur, des médicaments, une hospitalisation. Autant dire la lune. C'est la guerre et tu ne disposes d'aucune ressource. Très vite, ta petite fille perd l'énergie de se mouvoir. Elle reste constamment couchée tandis que tu demeures éveillée près d'elle, lui rafraîchissant le front avec un linge humide, glissant quelques cuillerées d'eau et de bouillie de riz entre ses lèvres.

Tu donnerais tout ton sang, si cela pouvait la sauver. Mais cela ne la sauverait pas, et la petite fille qui ne savait pas encore marcher meurt en moins de trois semaines. Tu ne sais même pas vraiment de quoi. Tu pleures des heures durant, écrasée par la douleur, le petit corps sans vie serré contre le tien. Tu pleures sans discontinuer, jusqu'à n'avoir plus de larmes pour le reste de ton existence. Tu pleures avec mon père assis près de toi, visage stoïque et poings serrés car il veut se comporter en homme – un homme de huit ans. Tu enterres ton enfant, et puis repars sur les routes avec celui qui te reste. Tu veux rejoindre l'un de tes frères aînés, juge à Saigon. Ne plus être seule.

Il vous recueille. C'est un homme bon et généreux. Il prend pitié des deux réfugiés que vous êtes et, dès votre arrivée, vous recueille chez lui. Les femmes de la maison te proposent de les accompagner à la Pagode. Tu acceptes avec joie. Tu as hâte d'entendre le gong de bronze qui rythme les prières, de voir les robes safran des moines, de puiser un peu de réconfort dans leurs gestes et leurs mots, de t'incliner devant le sourire des bouddhas.

Le plus dur est passé, te dis-tu. Mon frère est là. Mon fils est à l'abri. Il a un toit sur sa tête, de quoi manger, et même des cousins avec qui jouer. Le plus dur est passé. Prise par ces pensées, tu ne t'aperçois qu'à la dernière seconde de la présence d'un bonze en face de toi, une bourse de tissu dans les mains. Tu comprends qu'il s'attend à une offrande, même infime : tous se conforment à cet usage. Et tu demeures immobile, comme paralysée. Tu ne possèdes littéralement que les vêtements que tu portes. Tes poches sont vides. Tu n'as pas la moindre piastre à donner.

Le bonze patiente. On t'observe. Tu sens la honte monter, cuire ton cou et tes joues. Ton regard tombe sur ton alliance, qui étincelle au soleil et dont l'éclat te fait mal. Tu la fais glisser de ton doigt et, sans un mot, la déposes dans la bourse. Le geste est instinctif, irréfléchi. Toi qui as supporté tant d'épreuves, fait montre de tant de bravoure dans le deuil, la pauvreté, le désespoir, tu baisses le regard devant celui des autres. Tu as peur de perdre la face, d'humilier ton frère et ta famille. Alors tu sacrifies le seul souvenir de l'homme qui était tout pour toi.

Il ne se passera pas un jour sans que tu le regrettes. Encore aujourd'hui, avoues-tu tout bas tandis que je demeure blottie dans tes bras, dans ta tiède étreinte de grand-mère aimante, tu t'en veux d'avoir agi comme tu l'as fait. Tu t'en veux d'avoir été si stupide, si lâche aussi.

Tu ne m'as plus jamais parlé du passé.

J'ignore si c'est parce que tu le considérais comme un fardeau dont il était inutile de me charger, si tu as agi par égard, pudeur ou pragmatisme, pour pouvoir tourner la page, faire table rase, gommer ce que tu avais affronté comme on le ferait d'une phrase malvenue.

Peut-être rêvais-tu pour moi d'une page blanche sur laquelle je pourrais écrire un destin qui me serait propre, oublieuse des deuils et des drames que tu avais dû surmonter. Peut-être t'étais-tu juste habituée à garder tes souffrances pour toi, car il n'y avait rien d'autre à faire en un temps où les tragédies succédaient à d'autres tragédies, suivant un cycle toujours recommencé.

En t'interrogeant sur ton alliance, j'étais entrée par effraction dans ta mémoire ; tu ne t'y attendais pas et avais laissé échapper tout un pan de ton histoire. Cela n'a pas duré : tu étais réticente, mal à l'aise, et j'ai vite renoncé à poser des questions tant je craignais de raviver tes blessures.

J'ai reconstitué la suite de ton histoire en ravaudant comme j'ai pu des confidences recueillies ici et là, presque clandestinement. La perte de l'alliance a marqué la fin d'une vie et le début d'une autre : toi et ton fils vous êtes intégrés à la maisonnée du juge en vous faisant aussi discrets que possible. Il vous a traités avec bonté et affection, sans jamais mentionner votre position de parents pauvres, recueillis en une période de tourmente où vous n'aviez nulle part où aller. Tu as fait ce pour quoi tu avais toujours été le plus douée : veiller à la bonne tenue de la maison et au bien-être de chacun. Qu'il s'agisse de garder le chevet des malades ou d'aider en cuisine, tu étais toujours la première à te dévouer.

Mon père et ses cousins sont devenus aussi proches que des frères. Ils ont joué ensemble – à la balle, aux osselets, au combat de grillons – ils sont allés à l'école ensemble, ils ont travaillé d'arrache-pied ensemble, n'hésitant pas à s'entraîner pendant le week-end et les vacances, chronomètre à la main, à la résolution d'exercices de mathématiques et de physique. Ce sont les bulletins scolaires de mon père, autant que cet accueil chaleureux, qui lui ont permis de se sentir chez lui au sein d'une demeure où rien ne lui appartenait. Grâce à ses excellents résultats, vous avez perdu un peu de votre timidité : il y avait quelque chose dont vous pouviez être fiers, enfin. Dans une société où l'on avait toujours sacralisé les études, quelque part entre la Chine des concours de lettrés et la méritocratie républicaine à la française, vous aviez conquis une légitimité, un droit d'exister.

Rattaché au gouvernement du Sud, le juge avait une réputation de droiture et d'incorruptibilité qui lui valait d'être respecté, et vous avez tous vécu en sécurité pendant un temps. Les résultats exceptionnels de ton fils à l'issue du bac lui ont valu une bourse et un passeport pour la France, où il a intégré une classe préparatoire scientifique, puis une grande école, tandis que tu l'attendais à Saigon.

Ni toi ni lui ne pensiez que son exil durerait plus de quelques années. Les diplômes français étaient à vos yeux le sésame pour une brillante carrière au pays. Quand, à la sortie de l'École centrale de Paris, une société informatique a proposé à papa un poste d'ingénieur, il l'a accepté en croyant qu'il ne faisait que différer son retour : avec un tel salaire, et vu la disparité des niveaux de vie entre la France et le Vietnam, il pouvait en deux ans mettre de côté de quoi acheter une de ces immenses maisons dont tu rêvais quand il était enfant. Une maison à toi : ce serait son cadeau pour te remercier de tous les sacrifices que tu avais faits pour lui, et de ta foi en ses capacités. Alors il reviendrait et se marierait ; vous mèneriez une existence calme et confortable, et même heureuse, qui sait.

La chute de Saigon en 1975 et l'avènement du régime communiste mirent un terme aux projets de ton fils et, puisqu'il n'y avait plus d'avenir pour lui dans son pays d'origine, il résolut de s'installer définitivement à Paris et de te faire venir. L'administration française répondit favorablement à vos demandes et, chose plus étonnante, la République socialiste du Vietnam fit de même. Pourtant, la plupart de ceux qui réussissaient à s'exiler à l'époque ou bien avaient déjà décollé dans des avions américains en 1975, ou bien s'entassaient dans des embarcations surchargées pour gagner des camps de réfugiés insalubres, déjà fort heureux quand ils n'avaient pas sombré corps et biens dans l'océan, noyés dans une tempête ou massacrés par des pirates.

Le départ officiel dont tu bénéficias miraculeusement tenait à une ironie du destin. En 1972, mon père, de retour pour un bref séjour à l'occasion d'une trêve, avait failli être arrêté et jeté en prison sans autre forme de procès. Une pétition qu'il avait signée à Paris, appelant à l'arrêt de la guerre et au retrait des troupes américaines, lui avait valu d'être listé par la CIA comme un dangereux sympathisant communiste – ce qui ne manquait pas de sel, au vu de son histoire – et seule l'intervention du juge, ton frère, l'avait sauvé. Ce qui était une pièce à charge sous la férule du gouvernement de Diem s'était mué en gage de loyauté à toute épreuve pour le nouveau régime : quand tu avais demandé à t'en aller, on avait ouvert le dossier de ton fils, pris bonne note de son fervent engagement à l'égard du PC, et laissé le champ libre aux projets de réunion de cette famille exemplaire, tout en songeant que cela ne pourrait que contribuer à diffuser une image positive du nouveau régime en Occident.

C'est ainsi que tu obtins le droit de quitter le Vietnam, trois ans avant ma naissance. La confiance avait toutefois ses limites : au moment du départ, tes bagages furent fouillés avec minutie. Les policiers confisquèrent tout ce qui était jugé trop précieux pour quitter le pays, avant de sceller tes valises avec des bandes de fer pour s'assurer que tu n'aurais aucun moyen d'y introduire quoi que ce soit avant ton vol. À ton arrivée à Paris, ton fils dut utiliser un pied-de-biche pour les ouvrir et récupérer les vêtements et le peu d'objets qu'on t'avait permis d'emporter.

Ces valises scellées en disaient long sur ce gouvernement, qui ne vous laissait partir que si vous acceptiez d'abandonner ce que vous possédiez derrière vous, et de couper les ponts avec ceux, amis et parents, qui étaient restés. Elles laissaient pressentir la violence et la folie auxquelles tu as échappé, contrairement au juge ton frère, et à bien d'autres parents, envoyés en camp de travail à l'instar de milliers de citoyens du Sud, où ils moururent de faim, de froid et d'épuisement. Mais bien sûr, ce n'est pas ce qui m'est venu à l'esprit à l'époque. J'étais petite et, inversant le raisonnement, j'ai cru que la membrane métallique qui enveloppait tes bagages les cuirassait, telle une armure, contre les chocs extérieurs, afin de protéger les trésors qu'ils renfermaient (tapis volant ? Élixir de jouvence ? Lampe magique ?)

Longtemps, j'ai gardé la conviction que tu avais atterri en France avec un secret infiniment précieux, et tout aussi fragile. Quelque chose que tu voulais préserver, quitte à ce que nul n'y ait accès. La mémoire de ta vie d'avant, peut-être – le souvenir d'un pays et d'un peuple qui restaient malgré tout les tiens, quelque part à l'autre bout de la Terre.

Tu avais sur tes incisives et tes molaires de légères marques brunes. Elles n'étaient pas dues à ton âge, comme je l'ai longtemps cru, mais à une tradition à laquelle devaient autrefois se conformer toutes les paysannes du Nord-Vietnam. Tu n'avais pas eu à te bander les pieds mais à teindre ta denture en noir, suivant un procédé long et éprouvant. Tu avais quinze ans lorsqu'on avait décapé tes dents avec de l'écorce d'arec ainsi qu'un mélange de sel et de charbon, avant de les amollir avec du jus de citron, de l'alcool blanc, de les laquer à l'aide de résine et de limaille de fer. Un jour après l'autre, on avait couvert et recouvert l'émail jusqu'à lui donner la couleur du jais. L'onguent, s'il protégeait des caries, était aussi et surtout considéré comme une condition *sine qua non* pour prétendre aux canons de beauté. Aucun homme n'aurait regardé une femme refusant de sacrifier à cette coutume, et l'on célébrait avec la même éloquence les joues roses et le noir sourire des demoiselles auxquelles rêvaient les jeunes gens célibataires.

Quand tu as quitté le Vietnam pour la France, tu es allée te faire blanchir les dents chez un dentiste parisien. Le traitement, pourtant énergique, n'a pas réussi à totalement éliminer les traces de cette parure ancienne. De même, les usages français ne sont pas venus à bout des vietnamiens. Dédaignant le riz d'Oncle Ben's pour le riz parfumé acheté dans une boutique de Paris 13e par sacs de 25 livres, tu aimais à verser dans le café du matin une bonne dose de lait concentré sucré, et croquais parfois des quartiers de pomme agrémentés de Vache qui rit – l'un des seuls fromages, ou plutôt ersatz de fromage, que les Français aient introduits au Vietnam. Aux murs de ta chambre étaient suspendues non des peintures représentant des natures mortes, mais des laques incrustées de dorures et de délicats dessins tracés à l'encre sur du papier de riz. Tu n'avais pas de robe dans ton armoire, remplie de pantalons en laine et de gilets (conséquence de cette peur maladive d'attraper froid qui te poursuivait depuis ton arrivée en France), mais arborais les jours de fête d'élégants *ao dai* en velours et soie brodée que tu assortissais de pendants de jade et de bracelets d'or. Et l'indifférence que tu affichais à l'égard des pattes de lapin, fers à cheval et autres trèfles à quatre feuilles n'avait d'égale que ton ardeur à placer sous mon oreiller des sachets de satin emplis de sutras supposés me protéger du mauvais œil.

De tes années au Vietnam, marquées par la pénurie et la peur du manque, tu avais gardé un goût de l'épargne qui ne se manifestait pas seulement dans l'examen rigoureux des prix ou la modestie de tes dépenses en général : quand nous mangions à la maison, chacun d'entre nous avait droit à une *demi*-feuille d'essuie-tout, tandis que les sorties au restaurant étaient pour toi l'occasion d'augmenter le nombre de serviettes en papier déjà récoltées puis stockées dans ton sac. Tu ne laissais jamais repartir en cuisine une tasse à café sans la délester de l'éventuel sachet de sucre laissé sur la soucoupe et répugnais à jeter quoi que ce soit, arguant que « cela pouvait toujours servir ».

De fait, cela finissait *toujours* par servir. Il n'y a pas une serviette qui n'ait été recyclée pour nous moucher le nez ou nous éponger le front après un séjour de durée indéterminée dans ton escarcelle. De ton désir de m'élever dans l'abondance, que tu n'avais jamais connue avant ton arrivée en France, et de tes réflexes thésaurisateurs, sont nés les paradoxes qui ont rythmé mon enfance : tu ne versais jamais plus d'une cuillère à café de Nesquik dans mon lait du matin, grattais « l'excès » de beurre et de confiture sur mes tranches de pain et limitais la quantité de dentifrice étalée sur ma brosse à dents, tout en insistant pour que j'absorbe un nouveau bol de chocolat chaud, me resserve de tartines afin que je puisse prendre des forces, et entretienne mon hygiène dentaire trois fois par jour.

Notre famille notait, avec un mélange d'amusement et d'exaspération, l'habitude que tu avais de fermer les portes et fenêtres à double et triple tours, vérifiant les verrous avec un soin obsessionnel le soir venu. J'ai mis du temps à comprendre que ce n'était pas qu'un tic énervant, témoignant de craintes absurdes. L'absurde avait fait partie de ton quotidien autrefois. Tu avais vécu dans un pays où, en l'espace de vingt-quatre heures, des héros nationaux se révélaient des traîtres bons à être jetés en prison puis fusillés. Où il était habituel de voir des amis et voisins délogés de chez eux par des brigades hurlant des accusations à la lueur de quelques torches. Où la moitié de votre famille pouvait disparaître, engloutie dans les geôles de l'ancien gouvernement ou les camps de rééducation du nouveau.

L'un de tes frères cadets s'était enrôlé dans l'armée communiste, suivant un engagement nullement incompatible, à l'époque, avec celui de votre aîné, le juge qui vous avait recueillis mon père et toi, nationaliste. En vérité, chacun avait participé à sa manière à la résistance contre les Français. Proche d'un intellectuel nationaliste activement recherché par les autorités coloniales, le juge n'avait pas eu l'occasion de fréquenter le Parti, encore balbutiant, contrairement à votre cadet, plus jeune que lui de dix ans, que des camarades d'université avaient convaincu d'adhérer aux principes communistes. Tandis que ton aîné travaillait à étendre l'action des nationalistes dans les campagnes, il avait été arrêté par les Français à la faveur d'une attaque éclair, et il aurait été exécuté si un ami influent ne s'était pas porté garant de lui. Les renversements d'alliance successifs l'avaient ensuite conduit à entrer au service du régime du Sud lequel, bien que soutenu par les Français, était vietnamien, tandis que votre cadet faisait parallèlement son chemin au sein du Parti. C'était un garçon efficace, dévoué, vif d'esprit.

Chargé de coordonner le ravitaillement, poste stratégique où il eut l'occasion de rencontrer la plupart des dirigeants communistes, il grimpa rapidement les échelons en dépit de ses origines « bourgeoises ».

Avec le temps, les allégeances de tes frères, d'abord conciliables, les avaient transformés en gêne, voire en menace réciproque. À la longue, ils n'avaient pas trouvé d'autre solution que de faire comme si l'autre n'existait pas. Durant les années où toi et ton fils aviez habité chez ton aîné le juge, votre cadet n'était venu en visite qu'une seule fois. En toute discrétion, la nuit – mais accompagné d'une escorte de deux hommes. Le corps raide, le visage impassible, il n'avait dit que quelques mots à celui qu'il n'avait pas revu depuis des mois. Des formules de politesse qui en disaient plus sur ce qui les séparait qu'un discours argumenté. Il n'avait pas demandé à se rendre devant l'autel des ancêtres, considéré par le Parti comme l'emblème de superstitions arriérées, encombrant la route qu'il commençait de construire vers une société nouvelle. Mais sur le chemin vers un bureau où il voulait retrouver un cousin alors de passage chez le juge, il avait fait un détour et jeté un regard contraint sur les photographies dans leur cadre d'argent, devant lesquelles reposaient des plateaux d'oranges et des bols de laque où brûlaient des bâtons d'encens. Le juge les avait fait allumer pour lui, devinant que la morgue affichée par votre cadet n'était qu'une attitude de commande, et qu'il n'avait d'autre choix, le cœur déchiré, que de garder pour lui ses sentiments véritables.

Ce ne fut qu'après la chute de Saigon que leurs chemins se recroisèrent. Tous ceux qui avaient servi l'ancienne république avaient été invités à se faire connaître afin de suivre un « programme de stages et de conférences » qui leur permettrait de s'adapter au nouveau régime. Une transition nécessaire, qui prendrait quelques jours, un mois tout au plus. Ton aîné s'était présenté. Il était sans haine vis-à-vis des vainqueurs : seule lui importait la reconstruction du pays, que les combats avec les États-Unis mais aussi et surtout ceux d'une nation divisée, avaient laissé exsangue. Il pensait que les états de service de votre frère cadet et ce frère cadet lui-même le protégeraient – quel plus éclatant gage de loyauté vis-à-vis du pouvoir en place qu'un homme qui avait renoncé à tous ses privilèges pour rejoindre, au péril de sa vie, les rangs de la résistance communiste quand celle-ci en était encore à ses balbutiements ?

Après s'être signalé aux nouvelles autorités, le juge ton frère a ainsi rejoint les centaines de milliers d'hommes persuadés de partir se convertir aux principes du Vietnam communiste pour un temps si bref qu'ils n'emportaient pour tout bagage qu'une moustiquaire, un peu de nourriture, du linge de rechange et du papier et des crayons pour les « cours ». Ils ignoraient qu'ils allaient s'entasser pour plusieurs années dans des baraquements bientôt envahis par la vermine et la crasse. Qu'ils devraient consacrer toutes leurs forces, sur fond d'endoctrinement, à des travaux dans les mines, les champs, la jungle. Qu'ils seraient morts de fatigue à la fin de la journée et n'auraient d'autre choix que de se relever et de se remettre à leur tâche le lendemain, sous les injures et les brimades de gardiens qui n'hésitaient pas à les battre à mort s'ils laissaient deviner leur état d'épuisement ou échouaient à atteindre les quotas fixés. L'erreur était d'avoir imaginé que les arrestations étaient gouvernées par une forme de logique quand elles n'obéissaient qu'à une mécanique, une machine ivre d'elle-même et des ravages qu'elle pouvait infliger, drapée dans une obsession de la pureté devenue meurtrière.

Rien ne pouvait sauver ton aîné : ni son honnêteté, ni sa réputation, ni son âge – il allait avoir soixante-six ans. C'était un membre de l'ancienne administration, donc un criminel ; il n'y avait pas à chercher plus loin. Le fait d'avoir un parent haut placé dans la hiérarchie du régime s'était même retourné contre ton aîné car, en ces temps de paranoïa grandissante, l'envoyer en camp était tout autant un devoir qu'un moyen de mettre à l'épreuve la fidélité de votre frère cadet, cet homme qui n'était ni n'avait jamais été un prolétaire de pure souche. Ledit frère avait donc œuvré avec beaucoup de prudence pour faire libérer votre aîné : s'il tombait avec lui, il ne resterait plus personne pour leur venir en aide. Il avait procédé avec lenteur et méthode, dosant savamment sollicitations, pots-de-vin, prières, pressions. Achetant chaque responsable de chaque cercle, du ministre au gardien subalterne, ne négligeant aucune petite main pour être sûr du succès de son entreprise.

Presque deux ans se sont écoulés en négociations feutrées et en échanges nocturnes lorsqu'on l'informe que sa requête a été entendue. Dans sa magnanimité, le gouvernement a accepté de gracier votre aîné, sensible à l'état de santé du prisonnier. Il a même été accordé à votre cadet d'aller en personne annoncer sa libération à votre frère, qui prendra effet tout de suite. Il part au petit matin, dans une jeep chargée de provisions et de vêtements chauds et, durant tout le trajet, songe à la dernière fois où il a vu votre frère, cette rencontre qui n'en était pas une, où il a évité son regard et gardé les lèvres serrées, raidi dans son rôle de membre du Parti faisant face à un représentant exemplaire de cette classe bourgeoise qu'il était supposé haïr, qu'il avait haïe, d'ailleurs, avec suffisamment de force pour la fuir et emmener dans sa fuite sa femme et ses fils, bercé par l'utopie d'un monde où chacun aurait une juste place. Il continue de haïr les principes sur lesquels l'ancien système était bâti, mais il n'a jamais cessé d'aimer les traditions. Sa famille. L'idée d'appartenir à une lignée. Et il regrette de ne pas avoir eu le courage de dire tout cela à votre aîné. De n'avoir pas osé lui avouer qu'il ne voulait pas en arriver là – renier ce en quoi il croyait alors qu'il était parti, qu'il avait risqué sa vie et celles des siens, justement pour rester fidèle à l'homme qu'il croyait être.

Qu'importait ce que le Parti pourrait en penser. C'était son frère, après tout, et cela faisait des années qu'il ne lui avait pas parlé librement, sans brider ses mots et sa pensée, sans surveiller ses propos, en agissant à son égard comme vis-à-vis d'un ennemi.

Lorsqu'il arrive aux portes du camp, ton cadet a un accès de faiblesse. Il ignore si c'est parce que le trajet a duré presque sept heures, ou si c'est parce qu'il va enfin revoir votre aîné, mais il a le souffle et les jambes coupés. Il est heureux, malgré tout. Entre son frère et le Parti, il a choisi son frère, et il lui semble que cela rachète son attitude lors de la visite nocturne où votre aîné avait allumé à son intention des bâtons d'encens sur l'autel des ancêtres – un geste qui l'avait profondément touché, bien qu'il n'en eût rien laissé paraître. Ils ne se sont revus qu'une fois depuis, peu après l'internement du juge. Il semblait épuisé, et lui avait alors confié « pouvoir tenir un an, peut-être deux, pas plus ». Si ton cadet n'avait rien répondu alors, il s'était promis de tout faire pour le sauver. Deux ans se sont écoulés, il vient tenir cette promesse, tout est bien.

Quand il arrive devant les grilles du camp, un gardien s'empresse de lui ouvrir sitôt qu'il lui a montré son laissez-passer. Il lui tend les papiers ordonnant la remise en liberté de votre aîné, et l'homme les fixe avec un air de perplexité tel que ton cadet en vient à se demander s'il sait lire, et s'il ne va pas devoir lui expliquer ce qui est inscrit. Au moment où il s'apprête à ouvrir la bouche, son interlocuteur lui demande de patienter quelques instants – il va chercher le responsable. Ton cadet réprime un geste d'impatience. Il n'a pas envie de perdre son temps en salamalecs, il n'est là que pour votre aîné, il a hâte de l'emmener, de jeter un manteau sur ses épaules – il fait très froid, comme on l'en a averti – de lui dire que tout le monde l'attend. Mais il prend sur lui, conscient que la moindre de ses réactions sera enregistrée, étudiée, jaugée. Qu'il suffit d'un signe d'agacement pour qu'il soit immédiatement suspecté de déloyauté, et que toutes les précautions qu'il a prises jusqu'à présent soient anéanties. Ce n'est pas le moment, si près du but et, tandis que le responsable le salue, il résout d'être poli, mais ferme, et si on le retient plus que nécessaire, d'arguer qu'une importante réunion du Parti l'attend à Saigon.

Comme son subalterne tout à l'heure, l'homme semble embarrassé et c'est alors seulement que surgit une pensée qui glace ton cadet, et lui fait oublier tout le discours qu'il a préparé pour exiger de voir sur-le-champ le prisonnier. Il écoute à peine les explications du responsable, qui parle des conditions difficiles, des températures particulièrement basses cette année, de la fatigue générale, la faiblesse d'un homme passé un certain âge. Il refuse d'écouter tandis que son interlocuteur le conduit d'un couloir à l'autre, traverse tout le camp, la cour, les baraquements, le mouroir qui tient lieu d'infirmerie, marchant et marchant, sourd toujours aux paroles décousues qui tombent de la bouche de son guide, indifférent à sa proposition de reprendre la voiture pour gagner du temps, marchant et marchant sans lâcher un mot, si bien que le responsable en vient à se taire à son tour, jusqu'à ce qu'ils arrivent à une vaste étendue de terre fraîchement remuée, une tombe nue, sans pierre où inscrire de nom, et qui se serait perdue à jamais dans l'anonymat des milliers d'hommes et de femmes morts pour rien si ton cadet ne s'y était arrêté, les yeux et le front brûlants, les jambes tremblantes, le poing crispé tandis que l'autre lui annonce que le prisonnier est malheureusement décédé quelques jours plus tôt.

Il était malade depuis longtemps déjà, on n'avait pas voulu inquiéter la famille, il semblait se remettre, et puis son état s'était dégradé d'un coup, en quelques heures, ils avaient tout tenté pour le sauver mais ils n'avaient rien pu faire. Ton cadet sait que c'est faux, que votre frère est mort de faim, de froid et d'épuisement, qu'on ne soigne personne dans les camps, que les gardiens regardent les uns et les autres crever comme des insectes nuisibles, sans un geste, sans un mot. Il sait que votre aîné est mort parce que nul ne peut survivre à de telles conditions, que tout le courage du monde ne permet pas à un homme de soixante-huit ans d'avoir la même résistance qu'un homme de vingt. Et puis parce que lui a été trop occupé à peser les risques, à s'interroger sur les conséquences, si bien que votre aîné est mort seul, loin de ceux qu'il aimait, sûr que son frère l'avait abandonné, et que tout ce qu'il reste maintenant à faire pour ce frère, c'est de vivre avec cette pensée.

C'est dans ce monde-là que tu as longtemps évolué, où les décisions n'étaient pas gouvernées par des règles, si ce n'est celles de la terreur et de l'arbitraire. Alors pourquoi nous croire lorsque nous t'affirmions que nous étions à l'abri et qu'aucune force obscure ne viendrait défoncer la porte de la maison et t'arracher ceux qui t'étaient chers ? C'était déjà arrivé ; tu en avais fait l'expérience, incrédule et tremblante. En vérifiant et revérifiant les verrous, en fermant les portes à double tour, en gardant en permanence toutes les clefs sur toi, tu ne faisais que te préparer à l'impensable, car tu savais qu'il n'avait rien d'impossible. Dans chacun de tes gestes, chacune de tes attitudes, chacune de tes habitudes, on pouvait ainsi lire l'empreinte d'une autre existence. Empreinte tantôt évidente et vivace, tantôt fantomatique, pareille à une inscription tracée sur la vitre embuée d'une voiture ou d'un train, qui lentement se dissout et s'évanouit.

Il y avait si peu de souvenirs. Si peu de traces, ou alors seulement des restes de traces. Je pense à ton alliance disparue. À la bague d'or jaune aux motifs effacés. À un cliché posé sur l'autel des ancêtres sur lequel on ne distingue presque rien – de vagues contours, quelques taches grises sur un fond blanc – tandis que les autres aïeux posent dans leurs tenues du dimanche, impeccables dans leur cadre doré.

Tu tiens deux bâtons d'encens dont les bouts embrasés dessinent dans l'air des figures de fumée qui n'apparaissent que pour disparaître aussitôt, au rythme de paroles incompréhensibles que tu lâches à voix très basse, une psalmodie dont je ne saisis rien mais qui me berce, un chant hypnotique et mystérieux qui accompagne ton regard, fixé sur cette photo dont le triste état m'a longtemps intriguée, et que je n'ai identifiée qu'après ton récit comme étant celle de mon grand-père. L'arrachement à la destruction, les intempéries, les déplacements précipités, les années tout simplement, n'avaient rien laissé subsister d'autre que cette ombre d'ombre devant laquelle tu t'inclinais à chaque cérémonie anniversaire, des bâtons d'encens entre les mains et une prière entre les lèvres.

Ta façon à toi de dire que tu te rappelais, à supposer que ta résolution de demeurer seule n'établisse pas suffisamment la place que ton époux, même mort, continuait d'occuper dans ta vie. Certains silences ne sont pas vides, mais bruissants de non-dits : tu ne mentionnais jamais ton mari, mais il ne se passait guère de jour sans que tu penses à lui. Son image rongée, décolorée, ne te rappelait pas seulement qu'il n'était plus ; l'impossibilité d'y discerner aucune forme, aucun trait, l'étrange immatérialité dont elle était porteuse, soulignaient aussi que le corps de mon grand-père n'avait jamais refait surface. Ni lui ni son père n'avaient eu droit à une véritable sépulture, ce qui selon tes croyances les condamnait à errer sans but entre le monde des vivants et celui des morts, dans les limbes où vagabondent les âmes de tous ceux qui n'accèdent pas au repos. Tu as supporté cette idée pendant plus d'un demi-siècle, hantée par l'image de ces hommes que tu avais littéralement vus disparaître ; deux hommes torturés, battus, massacrés, dont les dépouilles avaient été jetées dans quelque fosse commune.

Tes yeux calmes, ta physionomie paisible, ton sourire ne laissaient rien deviner de tes tourments. Tu étais par ailleurs trop occupée à prendre soin des uns et des autres, à fluidifier notre vie quotidienne par mille attentions, mille gestes qui à la fin font un foyer, pour trouver le temps de les exprimer. Et puis, à quoi bon ? Depuis toujours, tu t'étais habituée à serrer les dents, à passer les épreuves les unes après les autres sans te plaindre ni t'émouvoir. Aussi observais-tu les rites trois fois l'an avec, sur le visage, un masque de sérénité donnant à penser que tu ne faisais qu'obéir à la tradition. Nous ignorions qu'une part de toi était demeurée enclose dans les terribles événements qui t'avaient coûté ta vie d'avant.

Ce n'est qu'à ton premier retour au Vietnam, à quatre-vingts ans passés – et plus de deux décennies après ton départ – que tu as révélé le fond de ta pensée. Épaulée par ton fils, mon père, tu as cherché à accéder aux documents des archives locales, désormais assez éloignés dans le temps – on pouvait du moins l'espérer – pour apprendre, enfin, ce qu'il était advenu des restes de ton époux et de ton beau-père. Les démarches administratives ne tardant pas à se muer en inextricable labyrinthe, tu as décidé de poser la question à celui qui était le mieux placé : ton mari lui-même…

Une cousine t'avait recommandé une médium connue pour mettre en contact les vivants et les morts. Des hommes et femmes issus de tout le Vietnam envahissaient le minuscule village où elle s'était établie afin de la consulter, portés par l'espoir de parler à des proches décédés durant les années de guerre (parce que leur destin était demeuré en suspens, comme inachevé, seuls ceux qui étaient disparus dans la violence étaient susceptibles de se manifester). Vu l'afflux de visiteurs, les autorités locales avaient même dû construire des logements supplémentaires.

Je t'imagine assise avec mes parents dans une pièce bondée, un genre de salle d'attente au sol carrelé et aux murs de bois sombre. Certains en sont à leur quatrième séjour, d'autres se sont installés là pour un mois ou plus afin de mettre toutes les chances de leur côté. Toutes les catégories sociales sont représentées, du paysan à l'avocat, de la serveuse à l'homme d'affaires. Un messager ouvre la porte à intervalles réguliers pour demander si quelqu'un de la famille d'un tel ou d'un tel se trouve là. La médium ignore l'identité de ceux qui se bousculent dans la salle d'attente : elle se contente d'émettre à la façon d'un poste de radio les paroles des esprits qui entrent en contact avec elle.

Le principe laisse mes parents sceptiques, mais ils ne veulent pas te heurter et te tiennent donc compagnie tandis que tu patientes avec une bouteille de vin et des biscuits bien empaquetés en guise d'offrande. Au demeurant, on t'a bien prévenue qu'il était possible que ton époux ne se présente pas. Ce type d'opération ne relève pas d'une science exacte : certains fantômes font irruption dans l'heure, d'autres se font attendre indéfiniment, il n'y a pas de règle en la matière, pas de code du savoir-vivre d'après la vie…

Quand tu entends son nom, tu ne montres aucun étonnement ; dans la culture où tu as grandi, où l'on se réincarne, où le karma guide votre destinée, où Bouddha vous protège, il n'y a là rien de surprenant. Tu te lèves donc, suis le messager, entres dans la salle où la médium est assise. Contrairement à ce qu'on pourrait imaginer, celle-ci, vêtue d'une simple tunique de coton, n'arbore pas de costume ou grigri particulier. Les manières sont simples, la voix dépourvue d'artifices. Tu la salues, puis te lances tranquillement par son intermédiaire dans une conversation à bâtons rompus avec ton défunt mari.

Celui-ci commente une actualité familiale dont il semble parfaitement au courant – le changement de travail de mon père, les études des petits-enfants, un voyage éclair en Chine – et précise que de son côté, les premiers temps chez les morts ont été difficiles. Comme on le craignait, l'absence de sépulture a eu des conséquences. Mon grand-père va et vient dans l'entre-deux-mondes, sans repères ni ressources ; ce n'est qu'après un temps terriblement long que d'autres parents lui sont venus en aide et que la situation s'est un peu améliorée. Et de citer un cousin qui a partagé avec lui toutes les offrandes qu'il avait reçues – comme s'il continuait dans l'au-delà d'y avoir des gens qui ont tout et d'autres rien, des possédants et des possédés.

N'ayant pas la possibilité de s'attarder outre mesure, il aborde ensuite le vif du sujet : il livre plusieurs indications devant permettre de retrouver sa dépouille et celle de son père pour une inhumation selon les rites. Il te confie l'endroit en bordure de jungle où ils ont été tués, surnommé « le Carrefour des errants » car des centaines d'exécutions y ont eu lieu. Puis il explique comment, moins de deux ans après le drame, une autre famille a par erreur emporté ses restes et ceux de son père, en sus de ceux de parents à elle.

Ne sachant à qui ils appartenaient, elle leur a rendu les derniers hommages suivant ses croyances, dans un cimetière chrétien. Il situe approximativement ledit cimetière et la tombe. Et puis il s'en va après t'avoir remerciée des soins attentifs que tu as prodigués à ses enfants et petits-enfants. Vous vous faites vos adieux, et voilà, c'est réglé, on se reverra dans l'au-delà.

Comme je n'ai pas assisté à cette scène, j'ai tendance à me la représenter à la manière d'un film ou d'un rêve, d'une hallucination peut-être : avec ce qu'il faut de doute et de distance pour ne pas me laisser entraîner. Du reste, la médium ne s'est pas exprimée de manière aussi claire : elle s'est exprimée par indices et détours, assez transparents toutefois pour qu'on les comprenne (il n'a pas été fait mention de « cimetière chrétien », mais du fait que mon grand-père ne se sentait « pas à sa place » là où il avait été enterré, et qu'il y avait « trop de croix » autour de lui.)

Ce qui s'est passé me perturbe moins que mes scientifiques de parents. Non seulement ils étaient présents, mais les indications fournies par la voyante ayant été suffisamment précises – creuser à tant de mètres de tel repère à la deuxième sortie de tel village – pour que les recherches aboutissent à la découverte de deux squelettes dont les âges correspondaient à ceux des disparus, ils se sont vus forcés d'envisager qu'il existait bien une vie après la vie. Ils demeurent cependant incapables de formuler cette idée à haute voix – lorsqu'on trouve les restes dissimulés sous la dalle funéraire toute blanche, toute nue, qu'avait décrite le fantôme de mon grand-père, ils enferment l'affaire dans un coin de leur tête et poursuivent leur chemin comme si de rien n'était.

Aux yeux de mon père, les informations détenues par la médium démontraient d'une connaissance trop intime de la relation entre mon grand-père et ma grand-mère, de cette vie passée et presque perdue, pour que la séance à laquelle il avait assisté relevât d'une simple escroquerie. Mais au lieu de s'interroger, il préféra de loin à la fois admettre et limiter la brèche faite à sa façon de penser le monde. Il considérait ton entretien avec la médium, et ses conséquences, comme une exception confirmant la règle – une forme d'anomalie statistique que le temps lisserait jusqu'à la rendre imperceptible.

J'ai écouté cette histoire comme les enfants se laissent bercer par une chanson ou une fable, y croyant sans y croire, n'y croyant pas tout en y croyant, soulagée surtout de son issue : toi qui revenais en France avec le sentiment du devoir accompli, trouvant la paix, enfin, après des années d'inquiétude et d'angoisse. L'idée que ta quête silencieuse, obstinée, avait trouvé un terme, était réconfortante. Tu m'apparaissais comme une héroïne, mais une héroïne sans armure brillante ni superpouvoir, sans faits d'armes inscrits sur ton étendard, sans rien que les qualités qu'on ne voit pas à ceux qui prennent d'habitude place sur le devant de la scène : modestie ; courage ; sens du devoir ; fidélité.

Tout le temps où tu étais demeurée en France, tu n'avais pas oublié qu'il te restait une tâche à accomplir. Tu gardais en mémoire les deux hommes qui s'étaient comme évanouis dans l'air d'un matin de printemps, quand tu n'étais encore qu'une jeune femme aux cheveux noirs et aux dents laquées, qui riait haut et travaillait dur en vue d'un meilleur avenir. C'était étrange, à bien y songer : tu n'étais jamais revenue sur leur destin, n'avais rien transmis d'eux, qui ils étaient, leurs rêves, leurs espoirs, les principes qui avaient sous-tendu leur action et leur avaient coûté la vie. Tu ne parlais pas d'eux, n'évoquais rien les concernant. Pourtant leur souvenir demeurait, tapi sous les couches de silence, suffisamment puissant pour qu'à quatre-vingts ans passés tu aies décidé de revenir dans un pays qui n'était plus le tien, dans l'idée d'arracher leurs dépouilles à l'anonymat et leurs existences à l'oubli.

Peut-être poursuivons-nous des chemins qui vont de pair, et n'existeraient pas l'un sans l'autre ; peut-être n'aurais-je pas pris la plume si tu n'avais pas refusé de prendre la parole ; peut-être mon entreprise ne fait-elle que redoubler la tienne, mes mots voulant comme tes gestes préserver ce qui subsiste de mon grand-père et de mon arrière-grand-père : les bribes de leur histoire, plus fragiles et friables encore que leurs os blanchis ramenés au jour pour être aussitôt remis en terre. Tu avais l'intime conviction qu'il s'agissait bien d'eux et que les enterrer leur apporterait la paix, de même que tu croyais à la nécessité de brûler des bâtons d'encens sur l'autel des ancêtres et de consacrer des journées entières à la préparation de plats qu'on laisserait refroidir devant leurs photographies les dates anniversaires avant de les réchauffer et de festoyer en famille…

Je n'avais pas cette foi, mais j'étais sensible à la force secrète qui t'animait, à cette certitude que tu avais de faire ce qui était juste. J'y voyais une beauté et une poésie que j'ai maintes fois tenté de saisir, de capturer, et qui toujours m'échappe. Tout comme toi, je considère qu'oublier ceux qui ne sont plus revient à leur infliger une deuxième mort ; qu'il est nécessaire d'honorer leur mémoire. Mais tandis que je cherche un sens à mes actes, que j'y traque la métaphore, tu n'as eu qu'à être, sans questions ni commentaires.

Comme tous les Vietnamiens, nous mangions au nouvel an des *bangs chung* et des *banh day* composés de riz gluant, de farine de haricot et de lard gras, envoyés par des cousins ou achetés dans le 13e arrondissement de Paris. Tu ôtais avec délicatesse leur emballage de feuilles de bananier avant de les découper en portions égales. Chacun se servait alors et dégustait un morceau de ce mets roboratif dont la recette avait été inventée, prétendait la légende, par un prince, il y avait bien des siècles de cela, fils d'un roi dont le Ciel avait comblé, voire dépassé les attentes en lui accordant un grand nombre d'héritiers mâles. Cette bénédiction s'était avérée un problème lorsque le souverain avait voulu se retirer et confier les rênes du pouvoir à l'un de ses enfants. Il fut bien en peine de les départager : fallait-il choisir l'aîné, comme l'exigeait la coutume ? Le plus fort ? Le meilleur général ? Ou alors le plus respectueux ? Après réflexion, il jugea que tous ces critères importaient peu. Les principales qualités requises pour être un bon roi étaient l'intelligence, la modération et l'équité.

Une nuit, un génie lui apparut en rêve, ce qui lui inspira une épreuve lui permettant d'y voir plus clair. Dès le matin suivant, il convoqua tous les princes et leur tint ce discours : « Mes chers enfants, je me fais vieux et le pays a besoin d'un nouveau roi. Aussi ai-je décidé de vous envoyer de par le monde, avec pour mission de ramener les plats les plus savoureux, accompagnés, bien sûr, de leur recette. Celui qui me rapportera le meilleur mets sera mon héritier. Et maintenant, allez ! Vous avez un an, jour pour jour, pour trouver de quoi flatter le palais de votre père. »

Quelque peu déconcertés par l'idée du roi, les princes n'en firent pas moins préparer leurs affaires. Chacun partit flanqué de l'escorte correspondant à son rang et à ses moyens. Seul le prince Liêu, qui avait perdu sa mère lorsqu'il était tout bébé, ne disposait ni de conseillers ni de serviteurs. Le cœur lourd, il regarda ses frères prendre la route, avec une caravane ou une troupe, en songeant : « Comment vais-je pouvoir explorer le monde et satisfaire mon père alors que je n'ai même pas de cheval à enfourcher ? C'est une tâche impossible… » Tournant et retournant le problème sans trouver de solution, il finit par s'endormir.

Pendant son sommeil, un génie vêtu de soie jaune et pourvu d'une longue barbe blanche (le même, qui sait, qui était apparu au roi) le visita en songe. « Je connais et ta solitude, et le pieux désir qui habite ton cœur. Le trône t'intéresse moins que le devoir et l'obéissance à ton père. À ce titre, tu mérites mon aide. Point n'est besoin de galoper jusqu'à d'exotiques contrées pour y dénicher des aliments précieux, car en vérité, rien n'a plus de valeur que le riz, qui fait vivre les êtres humains depuis toujours. Il te suffit de prendre du riz gluant, de le nettoyer dans une eau très pure et de le faire cuire à la vapeur. Quand ce sera fait, pétris-y deux gâteaux. Au premier tu donneras une forme ronde, évoquant la voûte céleste – ce sera un hommage aux bienfaits du Ciel. Quant au second, tu le façonneras en carré, symbole de la terre nourricière. Tu garniras l'intérieur de ces gâteaux d'une farce composée de haricots broyés, d'oignons, et de viande de porc, mêlant le gras et le maigre. Enveloppe le tout de feuilles de bananier, cuis le gâteau à l'étuvée tout un jour et une nuit. Fais plusieurs essais afin d'être sûr de réussir cette recette, et tes efforts ne manqueront pas d'être récompensés ! »

Lorsque le prince se réveilla, il alla se confier à la vieille nourrice qui avait pris soin de lui lorsqu'il avait perdu sa mère. « Ce rêve est une manifestation du Ciel. Il te protège, mon enfant, il faut suivre sa volonté ! » Rassuré par ces mots, Liêu réunit tous les ingrédients nécessaires et s'entraîna à confectionner les gâteaux. Il passa plusieurs semaines à régler la cuisson, déterminant le temps et la température qui convenaient le mieux au riz gluant, et tenta des dosages variés de lard et de haricots pilés. Enfin, il réussit à établir une recette parfaite. Dès lors il s'arma de patience, et suivant le conseil du génie, attendit avec sérénité la fin du délai fixé par le roi.

Le jour dit, les princes affluèrent à la cour, ramenant de leur périple des délices sans nom. Leurs serviteurs, portant des livrées rouge et or, déposèrent des plateaux d'argent chargés des aliments les plus délicats et les plus exotiques jamais vus dans le royaume. Fruits rares, épices aux saveurs subtiles, poissons venus des mers lointaines, viandes cuisinées avec raffinement, la table du roi fut recouverte de mets plus fabuleux les uns que les autres. Seul Liêu resta à l'écart, ses gâteaux à la main. Personne ne fit attention à lui devant une telle profusion de merveilles, et le roi goûta chaque plat avec ravissement, le regard épanoui et les narines frémissantes. Salades, ragoûts, fritures, viandes sautées et bouillies, légumes émincés ou cuits entiers, à l'étuvée, accompagnés d'épices, de sauces, de condiments inédits... Que d'odeurs, de couleurs, de formes artistement découpées, de combinaisons inattendues ! Fraîches ou brûlantes, amères ou sucrées-salées, compactes ou plus légères que l'air, les nourritures innombrables posées devant le roi semblaient rendre sa décision plus difficile que jamais.

Ce fut enfin au tour de Liêu de présenter, bon dernier, ses trouvailles. Le vieux souverain découvrit avec curiosité l'humble emballage de feuilles de bananier, et prit une bouchée du premier et du deuxième gâteau. Il ferma les yeux pour en apprécier les saveurs mêlées, puis les rouvrit, l'œil pétillant. Il se leva alors pour annoncer que la compétition touchait à sa fin et qu'il pouvait sans conteste désigner le vainqueur, celui qui lui succéderait sur le trône.

« Mes chers enfants, déclara-t-il, je vous remercie de toute la peine que vous avez prise pour me rapporter de tous les pays du monde les plats les plus succulents et les plus étranges qui soient. Mais, à la vérité, comment pourriez-vous les confectionner à nouveau, étant donné que certains ingrédients sont impossibles à trouver dans notre contrée ? Non seulement les gâteaux de Liêu sont exquis, mais il est aisé de se procurer de quoi les préparer. En outre, en leur donnant ces formes ronde et carrée, il a uni le matériel et le spirituel. Il ne s'est pas contenté de flatter le palais mais a rendu hommage au Ciel et à la Terre, auxquels nous devons tout. À bien des points de vue, c'est lui qui mérite de prendre ma succession. »

S'inclinant, le jeune prince prit alors la parole : « Mon père, pour tout vous avouer, je n'ai aucun mérite. La recette de ces gâteaux que vous appréciez tant n'est pas de moi. » Et il raconta au roi et à tous les conseils qu'il avait reçus du génie. « Ton honnêteté t'honore, mon enfant, répondit le souverain. Et elle ne fait que renforcer ma conviction selon laquelle tu es digne de régner. Cette intervention divine, qui montre que tu as les faveurs du Ciel, en est la preuve éclatante. » Il ordonna alors que la recette des gâteaux soit diffusée dans tout le pays, et décréta que le gâteau rond porterait le nom de *banh day*, et le gâteau carré celui de *banh chung*. Depuis lors, à chaque nouvel an, tous les Vietnamiens confectionnent pour célébrer les fêtes du Têt ces gâteaux de riz fourrés qui symbolisent l'harmonie du Ciel et de la Terre, ainsi que le respect que doivent les descendants à leurs ancêtres.

Quand je visualisais la nourrice du prince Liêu, qui conseille sagement – et pieusement – l'enfant qu'elle a élevé, c'est toi que je voyais, qui t'occupais de moi toute la journée en l'absence de mes parents. Et puis il m'était impossible ne pas associer ce conte gastronomique, qui vante avant l'heure les vertus de la consommation locale, à tes dons culinaires dont je profitais chaque jour.

Petite, je pensais que tes multiples talents domestiques me viendraient avec l'âge, que je finirais par en hériter, et j'avais hâte de grandir. Je venais souvent te voir à la cuisine, où tu officiais une bonne partie de la journée. Tu préparais les plats les plus variés avec un savoir-faire confinant à la virtuosité. Pour le *goi*, tu éminçais des carottes, des concombres, de l'omelette, de la viande de porc, que tu saupoudrais d'herbes et de cacahuètes pilées. J'adorais cette juxtaposition de couleurs – orange vif, vert jade, jaune d'or – et de textures tantôt moelleuses, tantôt croquantes, qu'on pouvait sentir dans une seule et même bouchée.

Pour le *pho*, tu laissais bouillir toute la nuit un énorme os à moelle dans une grande cocotte rouge en acier, avant d'y faire cuire divers morceaux de bœuf – plat de côtes, tendons, boulettes. Tu découpais ensuite de fines tranches de rumsteck cru que tu déposais sur des nouilles de riz légèrement élastiques avant d'y verser le bouillon brûlant, soigneusement dégraissé et assaisonné d'oignons, de pousses de soja, de citron vert, de feuilles de menthe, de coriandre et de l'indispensable *nuoc-mâm*, cette sauce de poisson que nous diluons avec de l'eau, du sucre et du jus de citron tout en y ajoutant un peu d'ail haché pour accompagner les pâtés impériaux, mais gardons pure pour le *pho* ou encore le *chung kho*. Dans cette version vietnamienne des œufs brouillés, un de mes plats préférés, alors, et le seul que je puisse reproduire aujourd'hui, parce qu'il est d'une simplicité absolue, on y ajoute juste un trait de sauce de poisson en fin de cuisson, ce qui lui donne sa saveur inimitable. Chaque fois que j'en mange, je me souviens de toi qui, revêtue d'une blouse et les cheveux couverts, me faisais du *chung kho*, rassemblant magiquement, à l'aide de baguettes, les œufs brouillés pour les transvaser de la poêle à un petit bol garni d'un peu de riz. Que tu parviennes, alors que tu usais de deux bouts de bois, à faire en sorte que la poêle fût si impeccablement nettoyée – comme si un chat était passé par là – reste l'un des nombreux secrets que je n'ai pas réussi à percer.

D'excentriques produits et ingrédients s'alignaient sur la table, dans les placards et le réfrigérateur : lait et pousses de soja, pâles carrés de tofu à la consistance tremblotante, rouleau de mortadelle à la vietnamienne enveloppé dans des feuilles de bananier ; sauce d'huître d'un brun chaud, presque rouge, qu'on diluait et chauffait à feu doux en l'agrémentant de cacahuètes pilées pour accompagner le canard laqué et les rouleaux de printemps ; sachets de champignons noirs séchés que tu faisais macérer dans l'eau pour leur redonner corps et matière avant de les émincer et de les faire sauter avec des nouilles transparentes et des haricots verts, de les ajouter à la farce d'un beignet à la farine de lotus ou de les enrouler dans de fines galettes de riz avec un peu de viande de porc ; seiches qu'on aurait dites passées sous un rouleau compresseur, et qu'on grillait au four pour les servir à l'apéritif avec des chips de crevette – au départ de pâles pastilles à peine plus grosses que des hosties qui gonflaient, blondissaient et s'épanouissaient dans l'huile comme certains pliages japonais plongés dans une coupelle d'eau, et se muaient en grandes tuiles blanches aux bords ondulés et dorés par la cuisson, que tu repêchais avec de grandes baguettes avant de les égoutter sur du papier absorbant.

Quelle que fût la recette, tu l'exécutais avec une rapidité et un tour de main que j'observais avec admiration, moi qui dans l'enfance comme dans l'adolescence, me suis révélée incapable d'éplucher une pomme, manquais me trancher un doigt quand je découpais une part de gâteau, ignorais le temps de cuisson d'un œuf à la coque et ne concevais pas qu'on puisse utiliser une huile différente selon qu'on décidât de frire du poisson, une viande ou des légumes.

Tu faisais montre de la même maîtrise dans le domaine de la couture et je te devais une bonne partie de ma garde-robe. Tu m'avais brodé, quand j'étais bébé, des bavoirs, des couvertures, de minuscules chaussons, des cols Claudine, des chemisettes et même des bandeaux pour les cheveux pour mon entrée à l'école primaire. Tricoté des bonnets, des écharpes, des mitaines, des pulls unis et à motifs ; taillé des robes d'été et d'automne, des pantalons tantôt droits tantôt larges, des jupes longues, amples, ou bien courtes et plissées, des pyjamas de toutes les couleurs ornés de dentelles, des vestes de velours bordeaux avec de petits boutons-pressions que je ne me lassais pas d'ouvrir et de refermer.

Pour les menues retouches et autres travaux de précision, tu puisais dans la boîte à biscuits en métal qui te servait de trousse de couture. Tu en sortais dé, fil, aiguilles, épingles et toutes sortes d'instruments dont je ne connaissais pas tous les noms : des ciseaux qui faisaient deux fois la longueur de ma main, un mètre en plastique souple que j'aimais à enrouler sur lui-même comme une coquille d'escargot, des crayons gras pour tracer des marques sur le tissu et que j'utilisais pour dessiner des fleurs et des feuilles sur mon avant-bras, un coussin à aiguilles en forme de tambour entouré d'une ronde de petits bonshommes ventrus vêtus de rouge, de bleu et de jaune. Le tout était noyé sous un monceau de chutes de tissus et de boutons de toutes les tailles et de toutes les formes dans lequel j'adorais fourrager.

Je ne sais combien de fois je t'ai vue disposer ta machine sur la table, ôter son couvercle en plastique blanc, installer par terre la petite pédale noire permettant de l'actionner. Tu te saisissais alors des coupons d'étoffe que tu avais découpés suivant des patrons bâtis d'après mes mesures, les triais, les empilais et entreprenais de les assembler comme tu l'aurais fait des pièces d'un puzzle. Tes gestes rapides, d'une exactitude jamais prise en défaut, répétaient inlassablement les allers et retours entre l'étoffe, la bobine de fil et l'appareil, qui vibrait et ronronnait tour à tour. Le coton, la soie, le velours filaient sous l'aiguille qui laissait derrière elle un chemin de points parfaitement réguliers tandis que tes doigts couraient sur l'habit en devenir, toujours prêts à donner un coup de ciseau, à rectifier un pli malvenu, à froncer ou au contraire à tendre ces matières que tu maniais en experte. À la cuisine et devant ta machine, tu avais des mouvements vifs, légers, fluides, obéissant à quelque mystérieuse chorégraphie qui m'émerveillait.

J'aurais aimé me révéler une femme au foyer aussi accomplie que toi, mais je ne maîtrise aucune de tes recettes et j'ai toutes les peines du monde à faire un ourlet ou à coudre un bouton. Je n'ai pas eu accès à ces connaissances que l'on n'apprend pas à l'école, mais se transmettent de mère en fille, ou plutôt de grand-mère en petite-fille. Et je ne suis pas certaine que les savoirs que j'ai acquis grâce à des cours – langues étrangères, piano, violon, danse classique – compensent ce qui me manque, cette aptitude dont je croyais que j'hériterais en temps voulu quand elle demeurera ton apanage, toi qui m'as élevée : le don de créer de la chaleur et du confort pour tous ceux auxquels je tiens.

Enfant, on est convaincu que les adultes ont choisi leur vie. On ne s'interroge pas sur les raisons qui les ont conduits à exercer tel métier et à bénéficier de tel statut, cela fait partie de leur identité et du cours des choses. Les ayant toujours connus ainsi, on ne les imagine pas autrement. Pas un instant je n'ai pensé que tu aurais aimé, peut-être, être juge, ingénieure des Eaux et Forêts ou même haute gradée dans l'armée communiste, comme tes frères. Dans mon esprit, épouser un paysan, s'occuper de la ferme, de ses fils et filles, était ce que tu avais voulu, puisque c'était ce que tu avais fait. Or, il n'en était rien. Tes ambitions et désirs personnels, si tu en avais eus, avaient pesé pour quantité négligeable ; probablement d'ailleurs n'avais-tu pas été consultée.

Quand ton père, mon arrière-grand-père, était mort, il avait laissé à sa femme neuf enfants à élever et cent arpents de rizières pour ce faire. Ressources suffisantes pour subsister, insuffisantes pour permettre à chacun d'aller au lycée, puis à l'université – condition essentielle d'élévation intellectuelle et sociale au sein d'une nation où, pendant plus de mille ans, le prestige et l'autorité s'étaient mesurés à l'aune du savoir. Savoir ouvert à tous en théorie et sanctionné par des concours de lettrés organisés au niveau du chef-lieu, de la préfecture, de la province et de la capitale. Aussi mon arrière-grand-mère décida-t-elle de démembrer parcelle après parcelle le domaine familial afin de financer les études de ses garçons.

Une année après l'autre, la terre se réduisit comme peau de chagrin, passant d'une centaine d'arpents à quatre-vingt, puis à cinquante, puis à trente, tandis que les fils grandissaient et poursuivaient un parcours scolaire toujours plus brillant – et plus coûteux. Ne rêvant pas d'autre chose que d'un bel avenir pour eux, mon arrière-grand-mère se dépouilla sans regret, considérant chaque diplôme acquis comme le plus avisé des investissements. Elle n'avait réservé qu'un lot minuscule pour elle-même, et un autre, guère plus grand, à diviser entre ses filles pour leur dot. Celles-ci n'avaient pas eu la possibilité d'aller plus loin que le certificat de fin d'études. Encore devaient-elles s'estimer heureuses : savoir lire, écrire et compter, c'était déjà beaucoup pour des demoiselles dont le destin était de quitter leur famille afin de se mettre au service d'une autre, où elles n'auraient d'autre rôle que d'enfanter et tenir le ménage.

La tradition, les mœurs de l'époque, le contexte social et politique, avaient décidé pour toi et tu avais suivi, sans protester, la route qu'on t'avait tracée. Songeais-tu seulement aux possibilités qui t'avaient été fermées, toi qui venais tous les jours me chercher à l'école et m'amenais tous les mercredis après-midi à la bibliothèque ? Tu n'en disais rien, te contentant de m'exhorter à apprendre mes leçons et à travailler assidûment pour obtenir les meilleures notes, comme mon père avant moi.

Tu ne m'as jamais demandé de t'assister dans tes tâches domestiques ; tu préférais que je me dédie tout entière à des études. Peut-être espérais-tu qu'en m'épargnant les corvées de vaisselle ou d'épluchage de patates, qu'en ne me transmettant rien de ce que toi tu savais et que tu tenais pour négligeable, tu m'offrirais une vie aussi différente que possible de la tienne, rompue par les deuils, la guerre, l'exil. Tu ne te doutais pas que tu m'avais donné quelque chose de plus irremplaçable encore que tes soins et le bonheur paisible de ta présence : une histoire. Voilée, flottante, trouée de non-dits, mais une histoire.

Tu ne parlais pas français. Ce n'était pas faute d'avoir essayé : tu avais compilé toutes sortes de manuels et de méthodes pour apprendre à l'écrire et à le lire, déroulé des heures et des heures de cassettes audio pour le prononcer correctement, rempli plusieurs carnets de listes de vocabulaire adaptées à toutes les circonstances de la vie courante. Tu avais peiné, longtemps, obstinément. Mais bien que tu sois à même de saisir quelques propos au cours d'une conversation, tu n'étais jamais parvenue à faire tien cet idiome dans lequel nous baignions pourtant au quotidien.

Le français de ton fils s'était modelé sur sa langue maternelle comme un masque d'argile : on l'entendait à son accent, à ses tournures, à sa syntaxe, à sa fusion entre le *u* et le *ou*, ses *r* absents, son emploi presque systématique du présent. Ton français n'existait pas. Il n'avait pas obtenu droit de cité dans ton espace linguistique, à l'exception des bonjour, au revoir, merci, s'il vous plaît, je vous en prie, formules que tu t'étais appliquée à retenir parce qu'elles t'étaient essentielles, toi qui ne désirais rien tant que témoigner respect et politesse à ton interlocuteur, mais craignais si fort de mal prononcer les mots que tu ne les lâchais que dans un murmure haché. Toute autre phrase ou expression glissait sur toi comme sur un lac gelé. Tu ne leur offrais aucune prise, aucune fissure où se ficher. Le vietnamien te constituait tout entière : os, chair et peau ; corps, âme et esprit. Malgré le passeport qui t'avait été accordé, tu demeurais, du fait de ton verbe, profondément, absolument, totalement vietnamienne.

Si tu ne t'exprimais jamais en français, tu étais pourtant amenée à le lire régulièrement à voix haute. Tous les soirs à la même heure, je tirais la manche de ton gilet pour te demander d'ouvrir un des albums posés au pied du lit, le déplier au-dessus de nous comme un toit de carton, un plafond fabuleux où se trouvaient projetées les aventures de Blanche-Neige, du Petit Chaperon rouge, de la Belle et la Bête, du Vilain Petit Canard. Je ne concevais pas de me coucher sans le cérémonial d'une histoire, me fut-elle contée à l'identique pour la dixième ou la centième fois. Tu avançais lentement, prudemment, en détachant chaque syllabe. Tu usais d'un ton mécanique et appliqué, déserté par l'émotion. La magie n'en agissait pas moins. Les bêtes douées de parole, les fées, les génies, les princes charmants et les princesses en détresse étaient devenus des compagnons pas moins réels à mes yeux que mes camarades de classe. Je suivais leurs équipées avec une joie que la répétition ne faisait qu'amplifier : c'était bon de savoir qu'il y avait des choses sur lesquelles on était sûr de pouvoir compter – quoi qu'il arrivât, Peau d'âne s'enfuirait avec ses robes couleur du temps, de la lune et du soleil ; Cendrillon perdrait et retrouverait sa pantoufle de vair ; le Prince charmant réveillerait la Belle au Bois dormant d'un baiser ; tu m'aimerais et veillerais sur moi jusqu'à la fin des temps.

Curieusement, tu m'as lu peu de contes vietnamiens. Ce sont mes parents qui m'en ont révélé l'existence. Je venais d'entrer en cours élémentaire lorsqu'ils m'offrirent deux livrets illustrés, *La Princesse et le Pêcheur* et *La Légende du sel*, édités en version bilingue, ce qui permit certains soirs d'intervertir les rôles qui nous avaient été attribués jusque-là : serrée tout contre toi, je tâchais à mon tour de me frayer un chemin dans une forêt de signes, luttant pas à pas pour tracer ma route dans la pénombre. Je balbutiais une à une les syllabes de vietnamien jusqu'à ce qu'elles s'agrègent en mots, puis en phrases. Tu m'écoutais et me corrigeais avec le mélange de douceur et de précaution qui avait toujours été le tien.

J'avais appris le français à partir du moment où j'avais été scolarisée, en fréquentant d'autres enfants sous l'œil attentif des instituteurs, mais c'était en vietnamien que j'avais commencé d'appréhender le monde : il était ma langue maternelle, celle dans laquelle j'étais née et qui d'instinct me venait aux lèvres – celle dans laquelle je voyais, entendais, ressentais les choses. En mêlant bluff, intuition et bribes de savoir, je finissais ainsi par trouver à m'orienter au sein de cet univers mi-familier, mi-étranger – l'alphabet était le même que pour le français et la plupart des consonnes se prononçaient de manière identique, mais l'on disposait d'au moins cinq accents pour chaque voyelle, si bien qu'une syllabe pouvait se dire de sept ou huit façons différentes pour peu qu'on combinât les accents, et acquérir autant de significations.

Ces deux contes offerts par mes parents jetaient un pont vers un pays auquel j'étais liée sans m'y être jamais rendue. J'aimais que, contrairement aux contes de fées que tu me lisais avec tant d'application, ils ne s'achèvent pas sur un *happy end* : tandis que Peau d'âne, Blanche-Neige, Cendrillon, la Belle au Bois dormant se mariaient et avaient beaucoup d'enfants, que le Vilain Petit Canard se révélait cygne, que le Petit Poucet revenait chez lui chaussé des bottes de sept lieues, chargé de richesses qui mettraient pour toujours sa famille à l'abri du besoin, le pêcheur se jetait dans le fleuve, victime de son amour impossible pour la princesse, et la corbeille magique qui crachait le sel coulait tout au fond de l'océan, abandonnant le gentil héros à son sort... Ainsi de la légende du *Royaume des immortelles*, qui figure parmi mes préférées.

Elle conte l'aventure singulière d'un fils de mandarin prénommé Tu Thuc. Il résidait près d'une ancienne pagode, célèbre dans toute la région pour un splendide arbre aux pivoines qui poussait dans le jardin. Tous les ans au premier mois lunaire, période de la floraison, les fidèles venaient en masse célébrer Bouddha, déposer des offrandes sur l'autel tout en admirant l'épanouissement des fleurs. C'était la Fête des pivoines.

À l'époque, le bouddhisme jouissait d'une grande faveur auprès du roi, et les établissements religieux fonctionnaient suivant des règles qu'ils avaient eux-mêmes édictées, s'appliquant à tous ceux qui pénétraient leur enceinte. Pour préserver l'arbre aux pivoines, il avait ainsi été décidé que tous ceux qui lui porteraient atteinte s'exposeraient à une forte amende – et devraient, en cas d'insolvabilité, rembourser leur dette en travaillant comme homme de peine. Or, un jour, une ravissante jouvencelle, âgée de quinze ou seize ans au plus, fit son apparition dans la pagode à l'occasion de la fête. Ne sachant rien du règlement, elle se pencha et cueillit une pivoine. Aussitôt on se rua sur elle afin d'obtenir un dédommagement. Lorsqu'elle avoua n'avoir pris aucun argent, les gardiens la retinrent sur place, espérant qu'un parent se présenterait et paierait la somme due – ils allèrent jusqu'à la ligoter contre une colonne pour éviter qu'elle ne prît la fuite.

C'est à cet instant qu'intervint Tu Thuc. Venant d'être nommé à son poste, il était venu incognito, sans escorte ni palanquin, et sans s'être fait annoncer. Difficile, dans ces conditions, d'exercer son autorité... Désireux de sauver la jeune fille de son triste sort, mais n'ayant pas l'argent requis sur lui, il ôta sa robe de brocart et la tendit en échange de la liberté de la jouvencelle. Celle-ci se confondit en remerciements. Observant non sans trouble son incomparable beauté, Tu Thuc l'interrogea sur ses origines – à l'entendre, en effet, on devinait qu'elle n'était pas des environs. Rougissante, son interlocutrice avoua venir du district même où Tu Thuc avait grandi ! Heureux de cette découverte, il poursuivit la conversation avec plus de familiarité. Tant et si bien que les deux jeunes gens se séparèrent avec peine, la demoiselle engageant le mandarin à venir lui rendre visite toutes les fois qu'il serait de retour au pays.

La noble action de Tu Thuc lors de la Fête des pivoines finit par se savoir, et toute la population fit l'éloge de sa conduite. Malheureusement, le jeune homme était beaucoup moins apprécié de ses supérieurs. Contrairement à l'usage, il refusait de les flatter avec servilité, et se désintéressait ouvertement des honneurs et de la politique. La musique et le bon vin étaient ses seules attaches, et il n'aimait rien tant que se promener dans les plus beaux sites de la région pour composer des vers. Négligeant ses responsabilités et les devoirs de sa charge, il encourut blâme sur blâme et à la longue, comprenant qu'il n'était pas fait pour cette carrière, il suspendit les cordons du sceau mandarinal au-dessus de sa porte en signe de démission. « À quoi bon, pour quelques mesures de paddy en guise de salaire, rester prisonnier des cercles de l'ambition et du pouvoir ? », songeait-il.

Il décida de s'en retourner dans son village natal, non sans s'adonner à sa passion. En quête des plus beaux lieux du pays, dont les sources et les grottes l'avaient toujours séduit, il enchaîna les excursions, portant toujours sur lui une calebasse de vin, une guitare et quelques feuillets où inscrire ses poèmes. Mont de Jade, lac du Miroir céleste, rivière aux Eaux parfumées, il visita et chanta les paysages les plus saisissants. Dans son cœur et son esprit flottait toujours le souvenir de la demoiselle qu'il avait jadis sauvée, mais il avait beau faire, retrouver sa trace semblait chose impossible…

Un matin où il s'était levé particulièrement tôt, il aperçut, depuis le plateau rocheux où il avait élu domicile et qui faisait face à la mer, une île d'une blancheur luminescente, découpée en forme de fleur de lotus. Charmé, il prit la barque pour s'y rendre, et trouva l'entrée d'une grotte dont la fraîcheur et le parfum d'herbe coupée le saisirent, avec une attirante et mystérieuse clarté qui brillait tout au fond. Il s'engagea dans le passage, et à peine eut-il fait quelques pas qu'il sentit les parois rocheuses se refermer sur lui. Il ne lui restait plus qu'à avancer en tâtonnant, guidé par la minuscule lueur. Lorsqu'il l'atteignit, il put voir qu'il était au pied d'une montagne enveloppée de nuages d'un blanc très pur. S'aidant des anfractuosités et des failles, il entreprit de l'escalader. Plus il grimpait, plus l'air lui semblait doux et le chemin aisé.

Une fois parvenu au sommet, il eut la surprise de se retrouver face à un grand palais de marbre et de pierre sculptée décorée de dorures et ceint d'un jardin semé de plantes rares. Un soleil radieux éclairait les arbres au feuillage luxuriant, tandis qu'un cours d'eau faisait entendre son chant pur. Deux jeunes suivantes, vêtues de tuniques d'un bleu-vert changeant, sortirent alors de l'édifice. L'apercevant, l'une d'elles s'écria : « Voilà déjà notre jeune marié ! » Toutes deux rentrèrent aussitôt pour l'annoncer, avant de revenir le chercher pour le mener, de porte laquée en couloir tendu de velours, jusqu'à une fée vêtue d'une robe en soie blanche. Elle l'invita à s'asseoir.

« Je sais votre amour des paysages, des lacs et des forêts, lui dit-elle avec un sourire. Vous les connaissez mieux que quiconque. Mais les lieux que vous avez découverts aujourd'hui sont d'une nature particulière. Avez-vous seulement deviné où vous êtes ? » « Aucunement, avoua Tu Thuc. Je ne croyais pas d'ailleurs qu'il pût exister d'endroit si enchanteur – j'ai peine à croire qu'il soit réel. » « Cela n'a rien d'étonnant, repartit la fée. Nul être humain avant vous n'avait eu l'occasion d'y accéder. Vous êtes ici dans la sixième des trente-six grottes du Royaume des immortelles, qui court sur toutes les mers sans toucher terre nulle part. Il se forme et s'évanouit au gré des vents, des vagues et de la pluie. J'en suis la souveraine et, au regard de la pureté de votre âme, j'ai voulu vous offrir l'hospitalité. Je suis fort heureuse de vous accueillir, d'autant que vous allez revoir une ancienne connaissance… »

Se tournant vers ses suivantes, la fée leur fit un signe de tête. Elles se retirèrent en silence, tandis qu'une jeune femme d'une exquise beauté faisait son entrée. Interdit, Tu Thuc reconnut alors la demoiselle qu'il avait délivrée de la pagode. « Voici ma fille, Giang Huong, "encens vermeil". Lorsqu'elle descendit sur Terre pour assister à la Fête des pivoines, elle commit sans le savoir une maladresse qui la plaça dans une situation difficile. Vous lui avez porté secours avec délicatesse et discrétion. Depuis, vous n'avez cessé de la chercher. Le Ciel vous a pour la deuxième fois réunis, aussi ai-je décidé de vous permettre de lier vos destinées… si vous en êtes d'accord. » Au comble du bonheur, Tu Thuc tendit la main à la jeune fille, qui, rougissante, lui donna la sienne. Toutes les fées furent invitées au mariage et, en l'honneur de ce jour, les fleurs s'épanouirent en même temps, tandis que les oiseaux accordaient leurs chants.

Les semaines filèrent comme des heures, et trois années passèrent ainsi au royaume. Trois années de paix et de félicité pour ces époux bénis, Tu Thuc consacrant tout son temps aux promenades et à la poésie, tandis que sa femme l'écoutait et prenait soin de lui. Mais au bout de ces trois ans, le jeune homme fut pris de nostalgie. Jour après jour, son regard sur les clairs ruisseaux et les divins paysages se fit de plus en plus indifférent. Et les nuits qui lui avaient été si douces lui semblaient vides à présent. En proie à l'insomnie, il se surprit plusieurs fois à guetter le chant du coq, comme il le faisait autrefois dans son village natal... La mélancolie prit peu à peu possession de son âme, lui faisant perdre le goût même de la vie.

Prenant son courage à deux mains, il ouvrit son cœur à son épouse : « Ma bien-aimée, voilà trois ans que je n'ai aucune nouvelle ni de ma famille ni de mes amis. Ils doivent s'inquiéter de mon sort, me croire mort, peut-être... J'aimerais leur rendre visite pour les rassurer, et revoir ainsi les lieux de mon enfance, qui me manquent cruellement. Me le permettez-vous ? Ce serait l'affaire de quelques semaines, deux mois tout au plus. Puis je reviendrai près de vous et ne vous quitterai plus, je puis vous l'assurer. » Giang Huong garda un moment le silence, puis répondit avec lenteur, pesant chacun de ses mots : « Si tel est votre souhait, je ne puis vous retenir. Je crains cependant que vous ne soyez déçu par votre retour. Toute chose est fugitive dans le monde mortel, et votre quête risque de se révéler sans objet. Du passé vous cherchez la flamme et la sève. Et s'il n'en restait que cendres ? » Cependant, Tu Thuc, tout à sa joie de revenir parmi les siens, n'écouta guère cet avertissement. Et lorsque Giang Huong confia sa détresse à sa mère, celle-ci observa, songeuse : « Je ne croyais pas qu'il fût encore si attaché au monde de l'ombre et de la poussière... N'importe, il a fait son choix, et nous devons le laisser partir. »

Quelques jours après, les fées se rassemblèrent pour saluer Tu Thuc et lui souhaiter bon voyage. Il embrassa son épouse en larmes, et tenta vainement de la consoler en arguant de son prompt retour. La reine fit surgir un char enchanté et pria le jeune homme d'y monter. Une brise légère souffla, les paysages défilèrent à vive allure et, en quelques secondes à peine, Tu Thuc arriva à son village natal. Il reconnut les sommets rocheux, quelques haies de bambou, et le cours d'eau limpide où il avait nagé enfant – rien de tout cela n'avait changé. Mais pour le reste... les rues, les maisons, les visages, lui étaient totalement étrangers. Et lorsqu'il se présenta aux uns et aux autres, tous affichèrent une mine perplexe : son nom ne leur disait absolument rien. À la fin, tout de même, un très vieil homme, ancêtre chevrotant qui passait pour être la mémoire du village, finit par se souvenir : « J'ai ouï-dire, quand j'étais encore tout petit, qu'un de mes aïeux portait ce nom, avait quitté son poste pour partir dans les montagnes composer des vers, et qu'il avait dû tomber dans quelque ravin, car personne ne le revit jamais. C'était il y a trois siècles au moins. »

Tu Thuc eut le sentiment qu'un courant d'air glacé était passé sur son cœur. Se rappelant les paroles de sa bien-aimée sur la vanité du monde terrestre, il soupira et voulut remonter sur le char enchanté. Mais celui-ci s'était évaporé, comme s'il avait été fait de la matière des nuages. Il comprit trop tard que l'au revoir était en réalité un adieu.

À quelque temps de là, il reprit seul la route, errant comme autrefois de montagne en cours d'eau. Nul ne sait s'il se perdit à jamais, ou si le chemin du Royaume des immortelles lui fut à nouveau ouvert...

Dans l'Antiquité, les Grecs considéraient que c'était dans l'exil et la séparation que les poètes puisaient leur élan créateur. On les voyait comme des envoyés des dieux sur Terre, porteurs d'une parole mystérieuse dont la beauté éblouissait les hommes, même s'ils n'en déchiffraient pas toujours le sens. Leurs vers témoignaient d'un séjour dans quelque contrée ineffable et merveilleuse dont ils ne savaient plus rien ; le souvenir qu'ils en avaient était enfoui au plus profond d'eux-mêmes, et ils n'en gardaient qu'une prescience brumeuse, nourrie d'ombres vagues et de lointains échos – cette fameuse inspiration, qui était tout ce qui leur restait du paradis dont ils avaient été chassés...

À cette aune, le Vietnam était sans doute la contrée poétique par excellence, elle dont les légendes s'achevaient si souvent sur une note de profonde mélancolie. Leur charme tenait à ce qu'elles ne niaient ni la cruauté ni l'injustice du monde, présentant le bonheur non comme un terme – l'éternité enchantée à laquelle accédaient les héros des contes de fées une fois les épreuves surmontées – mais un moment passager, sitôt éclos, sitôt condamné, pareil à une bulle de savon qui éclate alors qu'on a tout juste eu le temps d'en entrevoir les irisations. Il n'était qu'une étape dans le cours de la vie, et c'est ce caractère périssable qui lui conférait sa beauté. Les contes de ton pays étaient hantés par une perte irréparable : celle d'un frère, d'une épouse, de l'homme qu'on aime. De l'accès à un royaume enchanté qui s'est évaporé dans les airs. De ses illusions sur l'existence ou de l'existence elle-même, peu importait du moment que l'on se voyait retirer à jamais ce que l'on avait cru être sien.

Les fictions faisaient écho aux réalités de la région qui leur avait donné le jour, ce lieu si proche et si lointain à la fois, où le destin pouvait vous déposséder de la vie telle qu'on l'avait rêvée et telle qu'on l'avait vécue avant qu'elle ne s'évanouisse entre vos mains, s'en échappe, tel un filet d'eau ou de sable, sans que rien ne subsiste à part quelques gouttes, quelques grains, traces infimes que le temps achevait d'effacer. C'est ainsi que le Vietnam des légendes s'est superposé à celui de ton récit, que les contes se sont greffés sur ce que tu m'avais révélé du passé, ces confidences tissées de non-dits qui avaient créé en moi un appel d'air, une soif que ces fables ont contenue, à défaut de l'étancher.

Leur beauté a poli les arêtes des faits si secs, si durs, dont tu m'avais donné un aperçu, l'après-midi où je t'avais demandé ce qu'il était advenu de ton alliance ; elle les a nimbés d'une aura de poésie, a embrumé l'angoisse et le chagrin que j'avais ressentis en t'écoutant. Le Vietnam du mythe a enveloppé celui de l'histoire familiale, fragmentée et fragmentaire, il a comblé ses blancs, encapsulé ses blessures et ses énigmes, comme ces boules d'ambre que mon père rapportait de ses voyages et dont le cœur enfermait des scorpions d'une noirceur veloutée.

Tu n'étais pas là, lors de mon premier séjour au Vietnam. J'avais dix ans lorsque mes parents avaient proposé de nous y emmener pour les vacances d'été. Le pays venait tout juste d'adopter la voie *Doi Moi* (changer pour faire du neuf), qui prévoyait d'instaurer le modèle de l'économie de marché sans pour autant remettre en question le dogme communiste. La nation entrouvrant ses portes, mes parents avaient décidé de s'y glisser pour jouer des touristes pas tout à fait comme les autres.

Ils désiraient renouer avec la famille de Saigon (où mon père avait fait une partie de ses études), Nha Trang (où ma mère était née), Hanoi (où toi et mon père aviez vécu). Ma mère était retournée là-bas quelques fois pour rendre visite à ses proches, tandis que mon père n'y avait plus remis les pieds depuis la trêve de 1972, lorsqu'il avait été inquiété pour avoir signé la pétition demandant le retrait des troupes américaines. Quant à toi, tu n'y étais pas revenue depuis ton départ pour la France en 1976. Tu accueillis sans enthousiasme la proposition de mes parents avant de la décliner, te déclarant trop vieille et fatiguée pour entreprendre pareil voyage – tu l'effectuerais malgré tout, quinze ans plus tard, dans le but de retrouver les restes de ton époux et de ton beau-père.

Surexcitée par la perspective d'aller aussi loin pour une si longue période, j'ai ignoré tes réserves et tenu à distance le souvenir de ton récit. L'enfant que j'étais tenait à voir le Vietnam comme le Pays de la poésie. Pas un instant je n'ai pensé que je rentrais « chez moi » : je savais que cette destination n'avait rien à voir avec un hypothétique « chez moi » dont j'aurais été privée par les sanglants aléas de l'Histoire. Chez moi, c'était une grande maison de briques située en banlieue parisienne, avec un jardin bordé de roses – ta fleur préférée –, un grand escalier de marbre menant à un salon baigné de lumière, un piano droit sur lequel ma sœur et moi répétions nos gammes sous l'égide d'un panneau de laque représentant trois jeunes femmes qui jouaient du luth et de la cithare, vêtues de tuniques dans les tons blancs, cuivré et gris argent. Trois jeunes femmes aux cheveux longs et lisses, aux doigts fins, à la silhouette sinueuse, qui depuis toujours m'observaient sans me voir, déités indifférentes, évoluant dans une céleste dimension à laquelle je n'aurais jamais accès. Chez moi, c'était le lieu où je dormais chaque soir et me réveillais chaque matin, celui où ma sœur et moi jouions et nous disputions, où tu nous donnais à goûter et nous faisais faire nos devoirs, où mes parents rentraient après une épuisante journée de travail, où nous nous réunissions de concert autour de la table pour le repas du soir.

Le Vietnam représentait tout autre chose à mes yeux. Une porte ouverte à tous les possibles, à l'irruption du Merveilleux au sein d'un quotidien réglé comme du papier à musique. Les contes que j'avais lus, fournissant des explications métaphoriques à la géographie du lieu, à sa faune, à sa flore, à ses coutumes, à ses valeurs, à son histoire, en avaient fait une terre de légende. La mousson et son cortège de pluies diluviennes et de typhons étaient dus aux disputes du génie de la montagne et du génie de la mer, tous deux amoureux de la même princesse et poursuivant leur querelle par-delà les siècles, et le lac de l'Épée restituée de Hanoi tenait son nom d'une excursion en barque du roi Lê Thai qui avait rendu à une tortue-génie l'épée fabuleuse dont elle lui avait fait don pour repousser les envahisseurs chinois au XVe siècle. Les fables racontaient comment un oiseau de feu pouvait vous accorder la fortune ou la mort, d'où venaient les pastèques, les rayures des tigres, les crabes des sables, les moustiques qui pullulaient, et même le peuple vietnamien, enfant d'un prince dragon et d'une immortelle forcés de se séparer car l'un appartenait au royaume des mers et l'autre à celui des montagnes et des grottes…

Parce que j'avais toutes ces légendes en tête, je m'étais persuadée que nous arpenterions de sublimes décors, jungles dissimulant des oasis, cascades murmurantes, rizières inondées, en berge et en terrasse, plages poudrées de mica et ombrées de cocotiers, grottes féeriques creusées dans les roches de la baie d'Along, pagodes voilées de soieries, temples gardés par des soldats, des chevaux et des tortues de pierre, résidences à colonnades bordées de vergers – vastes et vertes étendues où théiers, jaquiers, bananiers, aréquiers, mandariniers, pamplemoussiers entremêleraient leurs branches et leurs parfums. Où le jaune orangé des kakis, le rose vif des fruits du dragon, le mauve profond des mangoustans ressortiraient avec d'autant plus d'éclat sur le feuillage émeraude. Je croyais que toute chose aurait là-bas une saveur plus profonde et plus riche, que le soleil brillerait plus haut, que l'eau y serait plus pure, que tout y serait plus grand, plus beau, plus coloré – arbres, oiseaux, papillons, coquillages, architecture humaine et naturelle. Je croyais que le simple fait de me trouver en ces lieux affinerait mes sens jusqu'à leur donner une acuité nouvelle, et me permettrait d'apprécier le monde dans chacune de ses nuances – dans chacune de ses perfections.

Je n'imaginais pas qu'il régnerait une température telle qu'un film de sueur nous envelopperait tout le corps dès notre arrivée à Saigon, gluante pellicule pesant sur notre crâne comme un casque, éteignant nos réflexes, alourdissant chacun de nos mouvements. Il n'y avait pas l'air conditionné, seulement des ventilateurs poussifs dont les pales semblaient non pas chasser la chaleur, mais la déplacer pour mieux nous la renvoyer à la figure. Dans les rues écrasées par le soleil, ma sœur et moi guettions vainement un souffle de vent. Les rares climatiseurs datant de la période américaine étaient en panne, comme du reste tous les appareils que nous trouvions dans les chambres d'hôtel, quand nous en trouvions. Rien ne fonctionnait nulle part, des fenêtres qu'on avait autant de mal à ouvrir qu'à refermer au pommeau de douche qui tenait avec du scotch et vous restait entre les mains. Les ampoules des lampes grillaient sitôt allumées, la tuyauterie fuyait dans les salles de bains inondées, les moustiquaires empoissées par la poussière n'arrêtaient pas plus les moustiques que les araignées.

Je n'imaginais pas que le paysage urbain se trouverait dans un tel état de délabrement, offrant aux regards ses façades lézardées et ses trottoirs fendus, ses avenues trouées d'ornières et ses fils électriques qui pendouillaient çà et là sur des poteaux branlants. Il n'y avait pas ou peu de commerces ouverts. Aucune voiture – juste un flot de vélos qui ignorait jusqu'à l'existence d'un Code de la route. Les murs de certaines maisons semblaient sur le point de s'effriter comme la cendre d'une cigarette, et les pluies torrentielles, trop brèves cependant pour rafraîchir l'atmosphère étouffante, avaient de surcroît ôté toute couleur aux bâtiments. Ternes et anémiques, les cités du Pays de la poésie ne donnaient pas à voir d'autre spectacle que celui de l'ennui – les rares passants erraient sans but, en proie au désœuvrement le plus total – et de la pénurie – il était impossible de se procurer le moindre bonbon et les canettes de Coca coûtaient l'équivalent de quatre ou cinq repas, un luxe que ma mère se refusait à nous offrir par principe, bien que la somme, s'élevant à quelques milliers de dongs, ne représentât jamais que le même prix que celui que nous aurions payé à Paris (cinq francs, soit moins d'un euro).

Je n'imaginais pas que nous serions amenés à vivre sans eau courante ni électricité. À la ferme de Nha Trang, la ville natale de ma mère, mes cousins se rendaient tous les jours à un puits semblable à ceux de mes livres d'images : margelle de pierre encombrée de mousse, corde épaisse passée à travers un anneau d'acier, seau de bois cerclé de fer clouté. Tout y était, à part la petite Cosette qui soulève le récipient plein à ras bords et trébuche sous son poids. À l'aide d'un morceau de coton coincé au fond d'un entonnoir, on filtrait goutte après goutte le précieux liquide récupéré afin de le boire tel quel ou préparer un thé, une soupe, une citronnade, sachant qu'il fallait compter au moins une demi-heure si l'on voulait obtenir une vingtaine de centilitres.

Pour se doucher, on passait outre cette étape, déversait quelques seaux dans une bassine et s'aspergeait sans plus de façons à l'aide d'un large gobelet. L'eau était glacée : la chauffer aurait pris trop de temps et usé trop de combustible pour un résultat négligeable, n'importe quelle forme de confort étant considérée comme superflue. On en était donc réduit à grelotter sur le sol trempé, les lèvres bleuies par le froid… Quant à l'intérieur de la ferme, il semblait dater d'un autre temps. Les lampes étaient à huile, le four à charbon, il n'y avait pas de radio, pas de télévision, pas d'aspirateur, pas de ventilateur, pas de chasse d'eau, à peine une poubelle – les chiens de la maison étaient chargés d'éliminer tous les déchets périssables issus d'une demeure où une vingtaine de personnes recouvrant trois générations vivaient sous le même toit, entassées les unes sur les autres.

J'ai éprouvé tant d'anxiété devant cette marée toujours renouvelée de cousins et cousines dont je mélangeais les noms et les rangs (étais-je en train de parler avec la cadette de la tante aînée ou la puînée de la troisième cousine ? Fallait-il que je l'appelle *em* ou *chi* ? Que je la vieillisse en signe de respect, même si elle était plus jeune que moi ? Que je la rajeunisse au contraire en signe d'affectueuse familiarité ?). Le simple fait d'entamer la conversation revenait à se confronter à un interminable casse-tête…

La curiosité céda très vite au désarroi devant l'impossibilité d'établir un dialogue digne de ce nom : mes habitudes, mes codes, mes valeurs venaient d'un tout autre monde que celui où évoluaient ces parents à qui je ressemblais tant en apparence, alors que j'étais incapable de saisir les nuances de leur comportement ou de leur discours. J'étais touchée de la gentillesse et de la disponibilité avec laquelle ils m'accueillaient, mais je ne pouvais m'empêcher de sentir une gêne peser sur ma poitrine lorsque je comparais nos conditions de vie, l'avenir qui s'offrait à moi et celui qui s'offrait à eux. Je n'y étais pour rien, mais je m'en voulais.

Mon malaise psychologique s'est doublé d'un mal physique. Mon organisme n'a pas résisté aux conditions d'hygiène locales. J'ai attrapé des vers provoquant des douleurs qui s'intensifiaient dès que j'absorbais la moindre nourriture. L'intoxication alimentaire s'est aggravée jusqu'à faire monter ma température au-dessus des quarante degrés. Incapable de quitter le lit, je demeurais toute la journée allongée, avec des migraines comme je n'en avais jamais connu avant et comme je n'en ai jamais connu depuis, qui me donnaient l'impression que mon crâne allait éclater comme un fruit mûr. Le sommeil agité, l'esprit fiévreux, j'avais régulièrement des accès de délire où je confondais mes cauchemars avec la réalité.

Je salissais les draps ; il fallait me changer, me laver à l'aide d'un linge humide, me nourrir à la petite cuillère, me donner à boire pour étancher une soif qui ne me quittait pas – j'étais incapable de faire quoi que ce soit par moi-même. Même penser me faisait mal. Entrouvrant les yeux, j'apercevais à mon chevet mon père ou ma mère, leur regard lourd d'angoisse, le premier gardant bouche close tandis que la deuxième, ravagée par l'inquiétude et la peur, adressait tout bas des prières à Bouddha ; je lui murmurais de ne pas pleurer car sinon je pleurerais moi aussi… Mes derniers jours au Vietnam s'apparentèrent ainsi à une interminable torture – je crus par instants que j'allais mourir et je le souhaitais presque tant la maladie me laissait peu de répit, broyant ma cervelle et mes intestins avec la même violence.

Le Vietnam dont je rêvais n'avait jamais existé qu'en moi, nourri de mes fantasmes d'ailleurs, des légendes que j'avais lues, de bribes d'histoire familiale affleurant à la surface d'une mémoire indécise et mouvante quand elle n'était pas niée. Tel quel, il était pareil à une clef sans serrure, ou à une serrure sans clef. Il ne prenait sens que par les symboles que je pouvais y attacher, les images que je pouvais y projeter, les métaphores que je pouvais lui associer. Il n'était pas une fin en soi, mais un support, un prétexte, une matière première. Un canevas sur lequel broder sans autre contrainte que celles que je m'imposerais ; une boue malléable que je pouvais travailler et remodeler à ma guise.

C'était à moi de créer la Merveille que j'avais guettée en vain pendant tout le séjour, moi qui, contrairement à ton fils et à ta bru, ne pouvais voir dans cette terre un pays perdu puisqu'il n'avait jamais été mien. Eux en avaient été dépossédés une première fois lorsqu'ils s'étaient installés en France et chaque fois qu'ils y étaient revenus depuis, le sol que nous avions foulé cet été-là n'ayant guère à voir avec celui qu'ils avaient quitté un jour, il y avait si longtemps…

Tu n'étais pas là, lors de ce premier voyage, mais ton esprit était partout. C'était pour toi que ma famille paternelle s'était pliée en quatre pour nous en dépit d'un contexte défavorable, sur lequel le changement des conditions économiques n'avait pas eu le temps de produire son effet. Mes oncles, mes tantes, mes cousins, mes cousines, s'étaient comportés avec une extraordinaire gentillesse du fait de leur caractère peut-être, de leur éducation sans doute, plus probablement parce que nous étions du même sang – et parce que nous étions tes enfants et tes petits-enfants, surtout. Tel était le sésame qui nous avait ouvert toutes les portes et tous les cœurs.

Je n'avais pas pris la mesure de ton aura, j'ignorais même que tu en avais une ; malgré mon amour, je ne te témoignais pas de considération particulière et n'avais jamais parlé de toi ni entendu parler de toi, avec le respect que montraient mes parents vietnamiens. Pour moi, tu étais juste ma mamie, ma *Bà*. Une vieille femme aux mains douces et au parfum délicat, qui appartenait à mon quotidien, voire m'appartenait tout court. Une femme sur laquelle j'exerçais la tyrannie sans merci qu'exercent les petits-enfants sur leurs grands-parents, et dont je n'hésitais pas à moquer la crainte obsessionnelle du froid et des microbes, la manie de fermer les portes à triple tour, les superstitions que tu brandissais comme autant de lois.

Douze heures d'avion et plusieurs milliers de kilomètres avaient été nécessaires pour que la vieille dame attachante et obstinée à la figure qui m'était si familière laissât la place à cette inconnue dont on évoquait le dévouement et la bonté. Et ce en multipliant les anecdotes qui mettaient en avant ton courage, les services que tu avais rendus à un tel qui en avait cruellement besoin, les risques que tu avais pris pour secourir tel autre qui se trouvait en difficulté avec le régime. Si nous étions les bienvenus, ce n'était pas pour d'imaginaires qualités personnelles, mais en souvenir de ce que tu avais accompli, de l'empreinte que tu avais laissée.

L'image qui ressortait du récit que tu m'avais fait autrefois, celle de cette mère et son fils jetés sur les routes, qui avaient tout perdu et se réfugiaient chez un parent qui leur offrait l'asile, n'était en réalité qu'un morceau du puzzle permettant de remonter ta trace. Une pluie d'informations vint altérer à maintes reprises un passé que j'avais cru intangible. Il y avait eu plus de réinstallations que ce que l'on m'avait dit : après votre départ du village, mon père et toi vous étiez bien établis à Thai Binh, mais vous aviez rejoint le juge à Hanoi, non à Saigon ; ce n'était que quand les communistes s'étaient officiellement et définitivement imposés au Nord que l'ensemble de la famille avait fait ses bagages pour le Sud, parce que l'on savait que tous ceux qui avaient travaillé avec les Français, comme mon grand-oncle, membre de l'administration, allaient être considérés comme des collaborateurs.

De plus, tu ne t'étais pas enfuie qu'avec tes enfants. Tu étais accompagnée de ta belle-mère, l'épouse de mon arrière-grand-père, dont tu étais très proche. Devenues veuves le même jour, vous étiez venues habiter Thai Binh de concert. Mon arrière-grand-mère était solide, et elle aurait sans doute encore eu de longues années à vivre si elle n'avait été victime d'un charlatan qui lui avait brisé la hanche sous prétexte de lui remettre les os en place. Demeurant dès lors allongée sur sa couche vingt-quatre heures sur vingt-quatre sans pouvoir bouger, elle ne s'était jamais relevée et mourut après onze mois de martyre.

De même encore, tu ne te contentais pas de tenir le ménage et de t'occuper des enfants lorsque tu habitais au village. Tu gérais également les repas et les salaires des ouvriers agricoles, surveillais leur travail et veillais sur leur santé, bref tenais le rôle de patronne autant que de Sécurité sociale – tu étais la cheville ouvrière de la ferme, non une simple ménagère. Si tu avais un temps vendu du vinaigre maison aux restaurateurs implantés autour du lac de l'Épée restituée de Hanoi, ce n'était pas toi qui étais en charge de la mercerie ambulante, mais une de tes cousines. Tu n'avais pris des cours de couture et ne t'étais acheté de machine que bien après ton arrivée dans le Sud. Et lorsque l'inflation et la chute des prix t'avaient contrainte de changer son fusil d'épaule, tu avais trouvé un travail au Centre des impôts.

Tu avais officié au sein de l'administration jusqu'à ton départ pour la France, sans trouver à te plaindre : le poste était stable, correctement payé, et t'avait de surcroît permis de tirer d'embarras plus d'un parent ou ami. J'étais la seule à m'en offusquer, plus d'un demi-siècle après, simplement parce qu'il m'apparaissait comme une incongruité, un fait qui n'avait pas sa place dans ta vie. J'oubliais qu'il ne s'agissait pas d'un film ou d'un roman, mais bien d'une existence, avec ce que toute existence comporte d'accidents, de détours, d'étrangetés.

Pour la première fois, je ne t'envisageais plus comme un point de repère, un être aussi fixe et immuable qu'une photo accrochée au mur. Il me fallait recomposer l'image que j'avais de toi, la redéfinir au fil des confidences glanées dans les conversations ou distillées par mon père, dont le retour au pays libérait par instants la mémoire. Comme si je grattais une surface lisse pour mettre au jour un temps sédimenté, l'épaisseur des années superposées, le relief et le mouvement d'une vie avant qu'elle ne se fige.

Là-bas, j'ai aussi rencontré quelqu'un qui te ressemblait comme une sœur. Quelqu'un que tu aurais pu être si tu n'étais pas partie pour la France : mon autre grand-mère, la mère de ma mère, demeurée toute sa vie à Nha Trang, sur les terres de son époux. C'était un planteur à la richesse aussi immense qu'éphémère, humble manœuvre qui à force de travail était parvenu à constituer un vaste domaine où l'on cultivait du coton, de la canne à sucre, des cocotiers, des fruits du dragon, avant d'être ruiné par les guerres successives et la prise du pouvoir par les communistes, et de mourir au milieu de ses rêves brisés. Comme toi, ma grand-mère maternelle était une femme née par la terre et pour la terre, veuve d'un homme qu'elle avait tendrement aimé. Elle te ressemblait dans son allure, ses façons, ses habitudes : elle portait d'amples pantalons, se coiffait en chignon, dissimulait derrière sa fragilité d'oiseau une endurance et une volonté hors du commun – celles propres aux survivants – régentait toute une maisonnée et nous témoignait, à ma sœur et à moi, une tendresse inconditionnelle.

Ses dents n'étaient pas laquées, mais noircies par une pratique ancestrale, celle de la chique du bétel, dont tu avais également été adepte avant ton départ pour la France. Un jour où je demeurais dans un coin de sa chambre, je la vis ainsi mastiquer quelques feuilles accompagnées de quartiers de noix d'arec et d'un peu de chaux en compagnie d'une amie venue lui rendre visite. Tandis que le mélange doux-amer virait peu à peu à l'écarlate sous les mâchoires des deux vieilles dames, la signification du rite me revint en mémoire : il symbolisait la perpétuation des liens à travers le temps et l'espace. Un conte me l'avait appris, avec en son cœur deux frères et fils de mandarin du nom de Tân et Lang qui avaient, sans être jumeaux, beaucoup en commun : un beau visage, un caractère loyal, le cœur généreux. Ils vivaient heureux au sein de leur famille, protégés du monde par le rang et la richesse de leur père. Survint alors un incendie, qui leur enleva et leurs parents et leur fortune. Dénués de toute ressource, désormais seuls au monde, ils durent se réfugier auprès d'un lointain cousin, le pieux Luu, qui prit soin d'eux comme de ses propres fils. Lui-même n'avait qu'une fille.

Le temps passa, et arriva ce qui devait arriver. L'enfant devint une femme aussi douce que ravissante. Ses qualités ne cessèrent de grandir avec l'âge et Luu, qui chérissait tendrement les orphelins qu'il avait recueillis, voulut accorder sa main à l'un d'entre eux. Seulement il ne savait qui choisir, et la demoiselle restait tout aussi indécise. Qui désigner entre ces deux jeunes gens beaux et méritants, aussi semblables que deux grains de riz ?

Pour compliquer encore les choses, Tan et Lang, tombés tous deux sous le charme de la jeune fille, rivalisaient de générosité, chaque frère voulant s'effacer devant l'autre pour lui permettre d'épouser celle qu'il commençait d'aimer. En fin de compte, Luu organisa un repas dans l'espoir de les départager. Il fit préparer du riz cuit dans des feuilles de lotus et des rouleaux de bœuf à l'échalote, et ordonna à sa fille de présenter deux bols, mais une seule paire de baguettes. Sans réfléchir, le cadet la saisit et l'offrit à son aîné, comme c'était son devoir. Luu prit l'aîné pour gendre.

Frère aimant, Lang ne tarda pas à oublier les sentiments qu'il avait commencé à éprouver pour celle qui était devenue sa belle-sœur. Malheureusement, Tan, comblé par son mariage, négligea son cadet, qui en souffrit beaucoup. Le ménage était si soudé qu'il ne se souciait plus que de lui-même, et Tan se sentait de plus en plus isolé. Un malentendu vint de surcroît aggraver la situation. Un soir que les deux frères rentraient tard des champs, la jeune femme s'avança dans l'obscurité et, croyant accueillir son mari, enlaça en réalité son cadet. Tan accusa aussitôt Lang de vouloir le trahir.

Blessé par l'accusation, Lang décida sans plus attendre de quitter la maison. Il sortit de la ville sans s'être muni d'aucun bagage et marcha droit devant lui plusieurs jours durant. Sa tristesse était telle qu'elle lui faisait presque oublier sa fatigue, qui allait en s'alourdissant. Errant d'un village à l'autre, épuisé par l'effort et la faim, il parvint finalement à un fleuve, qu'il ne put traverser. Il s'assit sur la rive, songeant à tous ceux qu'il avait perdus, et la douleur le transperça avec une telle violence qu'il mourut. Touchés par sa peine, des génies le changèrent en pierre afin de lui éviter d'être dévoré par les bêtes sauvages.

La disparition de Lang fit naître des remords chez Tan, qui comprit ce qui s'était passé, et se reprocha son égoïsme. Il partit à sa recherche, résolu à le retrouver et à le ramener, et parcourut un long chemin, demandant à chaque habitant de chaque hameau s'il n'avait pas aperçu Lang. Le soleil frappait, mais Tan ne voulait prendre aucun repos. Après plusieurs jours d'errance, il finit par s'écrouler au bord d'un fleuve, à quelques pas d'une grosse pierre ronde dont la fraîcheur le soulagea quelque peu. À bout de forces, cependant, il finit par succomber. Il fut métamorphosé en un arbre au tronc élancé.

Son épouse, inconsolable de son absence, suivit à son tour les traces des deux frères. Elle marcha et marcha, désespérée de n'avoir aucune nouvelle de son mari, jusqu'à ce que ses jambes se dérobent sous elle. Depuis longtemps, elle avait dépassé les derniers lieux habités et se trouvait au bord d'un fleuve, tout près d'un bel arbre qui surplombait une pierre. Dans un dernier souffle, elle se traîna jusqu'à lui, et l'entoura de ses bras pour ne pas tomber. Elle pleura longuement, accablée de détresse et, quand elle expira, fut changée en une liane qui s'enroula autour du tronc de l'arbre.

La nuit, tous les habitants de la région firent le même rêve, qui contait cette histoire. Ils élevèrent un temple à la mémoire des trois jeunes gens, gravant sur le fronton ces quelques mots : « Frères unis, époux fidèles ».

Des années après survint une terrible sécheresse, qui anéantit toute la végétation alentour. Seuls l'arbre et sa liane survécurent, obstinément verdoyants sous le soleil de plomb, tandis que s'étendait autour d'eux le désert. Devant ce prodige, des milliers de pèlerins gagnèrent le temple pour rendre un culte aux jeunes disparus. Le roi lui-même eut vent du miracle. L'histoire des trois métamorphosés le frappa vivement, et il consulta ses conseillers pour avoir un éclaircissement. Tous gardèrent le silence, à l'exception d'un très vieux ministre, qui fit cette observation :

« Sire, il est d'usage, quand on veut savoir si des personnes appartiennent à la même famille, de recueillir un peu de sang des intéressés dans un bol… Écrasons quelques feuilles de la plante grimpante, des fruits de l'arbre et un fragment de pierre chauffé à blanc. Peut-être aurons-nous ainsi une réponse ? »

Le roi suivit le conseil et ordonna de broyer les trois ingrédients. Il en résulta une mixture qui vira bientôt au rouge franc. Devant ce signe, la culture de l'arbre et de la plante, à qui furent donnés les noms d'aréquier et de bétel, se répandit dans le Vietnam pour devenir le symbole de l'amour conjugal et de l'amour fraternel.

C'est de cette légende que serait née l'habitude de chiquer le bétel lors des funérailles ou des cérémonies dédiées aux ancêtres, mais aussi lors des fêtes ou des retrouvailles – comme le faisait à présent mon autre grand-mère, cette vieille dame chez qui je séjournais, que je connaissais à peine mais que j'appelais *Bà*, terme pour moi associé à une étroite proximité. Mon trouble venait à la fois de voir incarnée en elle une légende découverte dans un livre, de la forme de proximité que je ressentais malgré tout – nuancée d'étonnement car nous nous voyions pour la première fois –, et de regret car le temps nous était compté. Je m'efforçais de le prolonger en passant chaque jour plusieurs heures auprès d'elle, avec l'espoir que cela suffirait à exprimer l'affection qu'elle m'inspirait, puisque mon vocabulaire en vietnamien demeurait celui d'une petite fille que l'on protège et qu'on soigne, une petite fille qui n'imaginait pas que ce serait un jour son tour de s'occuper des autres.

Le jeu des sept différences entre elle et toi aurait pu se poursuivre presque indéfiniment, dans une alternance ininterrompue d'échos et de dissonances. L'une avait suivi son fils en France quand l'autre avait laissé partir sa fille. L'une avait quitté sa maison sans un regard en arrière, l'autre avait assisté à son incendie et sa démolition, orchestrée par nul autre que mon grand-père maternel, qui craignait de voir la splendide demeure qu'il avait bâtie tomber entre les mains des Français – on était alors en pleine guerre d'Indochine. Celle qui m'avait élevée portait une bague d'or étrangement déformée et le poids d'une histoire liée à son alliance disparue ; celle qui aurait rêvé de m'élever ne me confia aucune histoire mais nous fit don d'un collier constitué de plusieurs dizaines de perles d'or enfilées sur une fine cordelette brune au moment du départ. Les douanes vietnamiennes avaient soigneusement fouillé les valises de la première avant de les sceller avec du fer pour s'assurer qu'elle n'emmenait que le strict nécessaire ; elles confisquèrent le collier de la seconde à l'aéroport car il était interdit d'emporter une telle quantité de métal précieux hors du territoire. Le cadeau fut donc retourné. Pour être volé peu de temps après.

Je songe souvent à ces deux bijoux qui n'existent plus que par leur absence, incarnations précieuses et fugitives de l'amour entre deux époux que la mort a séparés, de l'affection d'une grand-mère pour ses petites-filles qu'elle ne reverra plus – contrairement à ce qu'elle espérait.

Peut-être se met-on parfois à lire, et à écrire, parce qu'il existe un fossé entre la vie qu'on mène et la vie de ceux qui vous ont précédée. Qu'y a-t-il de commun entre toi, paysanne de cœur et d'origine, femme au foyer experte qui se vit dénier le droit d'étudier, puis subit la mort de ses proches, la violence insane de la guerre, le départ pour un pays lointain, et moi, sa petite-fille, citadine que la campagne plonge dans le désarroi, diplômée d'un établissement prestigieux mais dépourvue d'aptitudes domestiques, menant une existence si protégée qu'elle n'a jamais connu que bien tardivement le deuil ? C'est comme si nous nous tenions de part et d'autre du fleuve du temps, de notre mémoire endiguée, séparées par à peu près tout et pourtant liées par le sang, l'amour, cette histoire qui se cache et que j'ai désespéré, un temps, de mettre au jour.

Quand on me pose la fameuse question : « Pourquoi écrivez-vous ? », je suis parfois tentée de répondre que je ne sais pas. Qu'on écrit parce qu'on écrit, c'est tout – mais je me retiens, songeant que se réfugier derrière pareil sophisme serait trop commode. Alors je lance des pistes, amour de la fiction, désir de mettre un peu d'ordre dans un monde de désordre, fantasme de vivre plusieurs vies en une, plaisir de mettre au point une belle mécanique, écrire pour mieux lire ce et ceux qui nous entourent, amis et ennemis, parents et enfants, l'amour, la haine, la guerre, la mort… Ce sont des généralités ne venant à l'esprit qu'après coup (ce qui ne les empêche pas d'être vraies), mais elles recouvrent peut-être, inconsciemment, le désir de ne pas m'exposer davantage, de ne rien avouer de raisons plus personnelles, si personnelles que je suis la moins bien placée pour les révéler – un télescope pouvant pointer partout sauf sur lui-même.

C'est d'ailleurs à quelqu'un d'autre que je dois d'y avoir réfléchi. Non à un psychanalyste ou à un ami, mais à un romancier à qui j'ai rendu visite. Je ne le connaissais pas personnellement, et lui avais adressé des questions par mail pour les besoins d'un article. Il m'avait appelée et nous avions échangé quelques propos, suffisamment sympathiques pour convenir de nous retrouver chez lui le samedi suivant afin de faire connaissance de vive voix – chacun portant en lui la crainte, évidente bien que tue, de ne plus rien trouver à nous dire une fois que nous nous ferions face…

Je savais d'expérience que rencontrer un écrivain dont on admirait les ouvrages n'apportait rien de plus que ces derniers vous avaient déjà apporté ; que parfois, même, on y perdait. Je continuais pourtant à le faire, peut-être parce que ce qui me conduisait chez eux était d'une autre nature : l'envie de rendre à quelqu'un un peu de ce qu'il vous a donné, le témoignage d'une reconnaissance, « comme un salut amical en passant, une main agitée pour rien comme le font derrière la fenêtre d'une voiture ou d'un train des enfants, à l'adresse d'un inconnu qu'ils ne reverront pas, qui hésite puis lève à son tour la main, sourit, bouge un peu les doigts et dont au loin la silhouette s'évanouit déjà », dit Philippe Forest dans *Sarinagara*.

J'aimais les livres énigmatiques de R. B., hantés par le mal, alternativement traversés d'accès de violence et d'instants de pur émerveillement devant la beauté d'une femme aimée, mais je n'attendais rien de particulier de notre rendez-vous, si ce n'est une conversation au pire gênée, au mieux agréable, devant un verre de vin ou une tasse de thé posés sur une table basse, une guitare appuyée contre le fauteuil, tandis que les enceintes de sa chaîne diffuseraient des morceaux de Bach et de la musique classique auxquels ses livres faisaient si souvent référence.

Nous nous sommes donc retrouvés dans son salon, au dernier étage d'un immeuble parisien (il y avait bien du Bach, une guitare, des verres sur une table basse) à chercher des ponts entre nous, ce qui nous plaisait, ce que nous écrivions, ce que nous avions vécu, semblables à deux êtres qui tentent de déterminer s'ils ne se sont pas croisés dans une existence antérieure, guettant les traces de ce qui nous aurait autrefois liés, quand une de ses confidences fit écho en moi, laissant affleurer une vérité dont je n'avais jusque-là jamais pris conscience et qui ne finit de se dévoiler qu'après coup (qui ne finit de se dévoiler qu'aujourd'hui, peut-être, tandis que je tente, difficilement, de la coucher sur le papier). Un peu comme lorsqu'on joue une note de piano et qu'une harmonique correspondant à la fréquence d'une autre note au clavier l'amène à son tour à vibrer, et fait alors entendre ce que l'on nomme poétiquement un « fantôme ».

De fantôme, il était d'ailleurs question. Nous parlions du charme dont R. B. douait presque chacune de ses héroïnes, de leur grâce irradiante, qui contrastait si fort avec les horreurs meurtrières qu'elles devaient sinon affronter, du moins côtoyer. Je lui avais demandé s'il leur conférait cette aura pour une raison particulière. Il eut un silence. Puis me décrivit un épisode de son enfance qui tenait à presque rien : sa mère ouvrant la porte pour sortir de la maison, son visage soudain baigné de soleil, et l'émotion qui l'avait saisi devant cette figure jusque-là familière et comme révélée, dans tout son éclat, par la lumière du jour. C'était en souvenir de cette image qu'il dotait les femmes de ses livres de tant de perfections. Pour retrouver ce qu'il avait ressenti ce matin-là, un éblouissement étonné et ravi.

Il aimait sa mère, cela s'entendait à la manière dont il l'évoquait, mais cet amour était empreint d'une retenue mêlée de tristesse, qui m'intrigua. Elle avait été une femme simple et courageuse, timide mais dure à la tâche, quittant l'Espagne pour la France dans l'espoir d'une vie meilleure, afin d'assurer sa subsistance et celle de son fils sans autre ambition que celle de survivre en restant à sa place. Humble destinée dont les aléas ont été presque entièrement effacés de ma mémoire par ce qu'il me confia ensuite : la mère de R. B. n'avait jamais appris à lire. Elle n'avait donc lu aucun des romans qui avaient fait la gloire de son fils, ce fils qui vivait de et pour sa plume depuis plus de vingt ans. Elle était l'une de ses sources d'inspiration les plus secrètes, il lui rendait hommage dans chacun de ses ouvrages, et elle ne l'avait pas su ni même soupçonné, à aucun moment.

C'est de cet étrange et cruel paradoxe que provenait la tristesse de R. B., de cette affection exprimée dans des textes qui demeureraient à jamais inaccessibles à celle à qui ils étaient, d'une certaine façon, destinés. Je fus si remuée par cette confidence que je ne songeai alors ni à remarquer, et encore moins à faire remarquer, que je me trouvais exactement dans la même situation. Lorsque j'écrivais, j'avais moi aussi en tête une personne qui ne pouvait ni ne pourrait jamais me lire, non parce qu'elle ne savait pas lire, mais parce qu'elle ne savait pas lire le français : toi.

Dans mes textes, j'intégrais et transposais tour à tour des éléments et des événements issus de ta vie. Couchant sur le papier ces fragments de réalité, je ne cherchais pas les traces de ce qui s'était passé avant moi ni à dévoiler un quelconque mystère. Il ne s'agissait pas de reconstituer quoi que ce soit, mais plutôt d'intégrer ces bouts d'histoire familiale à mon imaginaire. L'histoire de l'alliance et toutes les autres étaient pareilles à ces petites sphères éteintes qu'on laissait dormir et prospérer sous une coquille d'un gris aqueux dans l'espoir qu'elles acquièrent avec le temps la blancheur, l'éclat, la douceur lustrée d'une perle. Semblables à une suite d'indices que l'on complète de façon à ce qu'ils vous mènent quelque part, quitte à en inventer la destination ; ou à ces numéros dispersés sur une page de magazine de jeux pour enfants, qu'il s'agit de relier pour former un dessin peu à peu identifiable – si ce n'est qu'il faut disposer soi-même certains chiffres absents, en ajouter ici et en retrancher là, en déplacer certains, en fusionner d'autres.

J'écrivais parce que je n'avais pas d'autre façon de réagir à la confidence que tu m'avais livrée et au silence qui s'en était ensuivi. J'écrivais parce qu'ainsi je n'avais plus besoin de me demander ce qui s'était passé, mais ce qu'il fallait qu'il se passe, ce que je devais imaginer pour que les quelques faits qui m'étaient parvenus, absurdes et terribles, prennent un sens, enfin.

Un texte après l'autre, je n'ai eu de cesse de rendre ta présence, la façon dont tu t'étais inscrite en filigrane de presque chacun des événements et surtout des non-événements de mon enfance, ombre douce et discrète planant sur le cours de mes journées dont il me semblait que je ne verrais jamais la fin alors qu'elles ont filé plus vite que l'eau d'un ruisseau. J'ai tâché d'incarner ce que je ressentais pour toi en confiant la plus grande peur qui me taraudait quand j'étais petite fille : que tu meures durant la nuit, l'un des seuls moments où nous n'étions pas ensemble. Je ne m'inquiétais guère de ma propre disparition – comme beaucoup d'enfants, je me croyais immortelle. Vivre sans toi, en revanche, sans tes soins et sans l'amour dont ils témoignaient, me semblait insurmontable.

Mon angoisse était telle qu'elle me faisait régulièrement quitter mon lit pour gagner ta chambre à tâtons et m'assurer que tu respirais. Je trottinais dans la maison noire et silencieuse, m'appuyant sur les murs afin de me guider jusqu'à toi. Je me penchais, tendais la main pour sentir ton souffle sur mes doigts. Ta respiration était paisible et régulière. J'en éprouvais un tel soulagement que j'étais comme vidée de toute énergie. La fatigue, un temps contenue par mes craintes, s'abattait d'un coup sur moi. Je me glissais sous les draps, tout contre toi. Tu me prenais dans les bras ; je fermais les yeux pour ne les rouvrir qu'au matin, tranquillisée sur ton sort, et donc sur celui du monde.

J'ai déjà écrit tout cela. Ce que je n'ai pas dit, en revanche, c'est que toi et moi nous sommes éloignées, et que cet éloignement a coïncidé avec une rupture linguistique. En grandissant, j'ai troqué une langue pour une autre, je suis passée du vietnamien grand-maternel au français appris à l'école, pratiqué avec mes camarades de classe puis avec mes parents, qui perdirent l'habitude de s'adresser à moi et à ma sœur autrement que dans l'idiome dans lequel nous évoluions presque en permanence. Vint le jour où j'ai commencé à chercher mes mots en vietnamien ; et, bientôt, celui où j'ai cessé de les trouver.

Le français est devenu la langue dans laquelle je pensais et m'exprimais. La langue que je lisais et que j'écrivais. Les efforts faits par la suite pour lire et écrire en vietnamien se sont révélés à peu près vains. Que peuvent quelques cours pris à la va-vite, vécus comme une corvée parce qu'on est encore trop jeune pour prendre conscience de ce que l'on est en train de perdre, contre la force d'un usage quotidien ? Ce n'est ni mon passeport ni mon lieu de naissance qui ont fait de moi une Française ; mais la langue dans laquelle je réfléchis et réagis, dans laquelle je vois et ressens.

La nostalgie que j'ai de mon enfance en recouvre ainsi plusieurs, indissociables les unes des autres. J'ai la nostalgie de ton étreinte, car il me semblait alors que rien de mal ne pourrait jamais m'arriver tant que je demeurerais dans ta chaleur enveloppante, aussi douce et exquise qu'un châle de soie. J'ai la nostalgie d'un monde perdu dans le temps, l'espace et la langue, dont le spectre ressurgit chaque fois que je voyage à Saigon, Hué ou Hanoi, tandis que je m'efforce de me faire comprendre, balbutiant avec peine des phrases qui, dans une autre vie, m'ont été aussi naturelles et nécessaires que l'air que je respirais, que ta main dans la mienne, que tes baisers sur mon front.

Alors quelque chose en moi se souvient. Mais je ne sais pas ce qui se souvient, et encore moins de quoi. Et c'est cette mélancolie sans nom ni objet qui me pousse à saisir crayon et carnet, et prend parfois le visage d'un Vietnam qui est moins une réalité géographique ou historique à mes yeux qu'une métaphore. La métaphore de cette tristesse qui s'éveille en moi lorsque je songe à toi, à ton histoire, aux tragédies qui ont brisé ta vie, mais aussi à l'amour que je vous porte, à toi et à la langue qui nous unissait intimement. Cette affection profonde et désolée, je tâche de l'exprimer dans des textes où je te rends hommage, tout en sachant que tu n'y auras jamais accès. La plus grande ironie tenant peut-être à ce que j'exprime cette affection en travaillant et raffinant la langue qui a justement arasé la précédente, celle que j'ai presque – et tout tient dans ce *presque* – oubliée.

De même qu'il n'existe aucun livre qui puisse vous sauver de la mort, aucune parole, aussi belle soit-elle, qui puisse vaincre le néant et vous rendre ce qui, irrémédiablement, n'est plus, je sais que ce n'est pas ainsi que je parviendrai à rétablir ce qui nous reliait. Ce fil délicat, tenant à cette langue que nous avions partagée et qui m'échappe aujourd'hui, est rompu pour toujours. La légende que je t'ai construite sans en avoir conscience – une fable après l'autre menant à cette conclusion comme les blancs cailloux du Petit Poucet et d'Hansel et Gretel – ne ramènera ni celle que tu fus pour moi ni celles que nous fûmes l'une pour l'autre.

Cette légende n'est que l'efflorescence de mon amour pour toi, que je suis demeurée impuissante à te témoigner adulte, quand tu te tenais face à moi ou quand nous nous appelions, alignant des propos allant de plus en plus rarement au-delà de banalités sur le temps qu'il faisait, ton état de fatigue et de santé, tes petits plats qui restaient pareillement délicieux année après année. J'espère cependant que l'entreprise n'est pas pour autant frappée de nullité. Pour moi, elle a la même valeur que l'après-midi passée auprès de R. B. ou de tout autre auteur que j'aurais admiré. Que cette « main agitée pour rien » dont parle Philippe Forest, adressée à quelqu'un qu'on quitte au moment même où on le croise, silhouette si vite évanouie qu'on croirait un mirage, une fugitive illusion – et pourtant. C'est inutile, sans doute, mais la petite fille qui vit en moi ressent le désir, et le besoin, de faire signe, en dépit de toute logique, à cette personne qui s'en va. Tant pis si elle est loin ; tant pis si elle ne m'entend ni ne me voit. J'espère ne pas faire ce salut tout à fait pour « rien », peut-être.

Adulte, j'ai espacé mes visites. J'en suis venue à ne te voir pas plus d'un ou deux dimanches par mois, lors de traditionnels déjeuners familiaux où je discutais en français avec mes parents, mon frère, ma sœur et nos conjoints, tandis que tu présidais en silence la tablée. Les phrases et les rires s'échangeaient pardessus les pâtés impériaux, les légumes sautés, les morceaux de poulet au caramel et de porc croustillant que nous déposions dans nos bols de riz. Nous étions tout à notre conversation, et t'accordions une attention fluctuante alors même que tu avais cuisiné la plupart des plats dont nous nous régalions. Parfois, un remords me saisissait, je prenais ta main et la serrais, une pression douce que j'accompagnais d'un sourire contraint, comme pour te demander pardon de notre négligence. Tu me le rendais avec la bonté que tu m'avais toujours témoignée.

Année après année, tes yeux sont restés noirs, mais ton chignon a blanchi. Tes rides se sont creusées, ta silhouette s'est tassée, ton pas s'est fait moins assuré. Toi qui trottinais inlassablement d'une besogne à l'autre durant mon enfance, tu as fini par ralentir le rythme. Le processus a été progressif, mais perceptible. Je suis restée partagée entre la peur de te perdre et l'impression que tu serais toujours là, parce que j'avais, ancrée en moi, la conviction que ta présence était indispensable à la marche du monde. J'observais ta main, parcourue d'un réseau de veinules bleutées qui ressortaient sur ta peau pâle piquetée de taches rousses. Le bracelet de jade à ton poignet partiellement recouvert par la manche de ton chemisier. Ta bague d'or jaune aux ciselures effacées.

Tu étais douée d'une force que je ne possède pas : celle du détachement. Tu avais accepté que les choses soient mortelles, que les vies s'arrêtent, qu'on ne sauve rien ni personne. On s'efforce de vivre, puis on s'en va, et tout est bien. Nul besoin de philosophie ni d'aucun livre pour se consoler de notre finitude. C'est ce qui m'est apparu l'une des dernières fois où je t'ai vue, lors d'un déjeuner célébrant le nouvel an vietnamien – le premier que nous fêtions non plus à huit, mais à neuf, ma sœur ayant accouché un mois et demi plus tôt. Il va de soi que tu n'as eu de cesse, armée de conseils éducatifs variés, de réclamer ton arrière-petit-fils, dont tu as pris soin avec la même expertise que celle dont tu fis montre avec nous, il y avait plus de trente ans de cela.

Tu le tenais dans tes bras lorsque je suis venue te saluer. À ma demande rituelle sur ta santé, *Bà co khue khong ?*, tu as répondu que tu avais l'impression de passer tout ton temps à dormir. Tu t'es tue un instant, observant le bébé, ses yeux clos, sa respiration calme et paisible, et m'as demandé si je me souvenais des siestes que nous faisions autrefois. J'ai acquiescé, surprise. Tu les faisais seule, à présent, as-tu poursuivi avant d'ajouter que Bouddha avait été bon avec toi car ta mort serait douce. Un jour, tu plongerais dans le sommeil pour ne plus te réveiller, et il n'y aurait rien de plus à faire ou à dire.

Puis tu as souri.

Quand mon petit Paul est né, je suppose que tu t'en es réjouie, mais en réalité je n'en sais rien : nous n'avons pas plus évoqué ce que tu ressentais que ce que je ressentais, moi. Depuis un moment déjà, nous demeurions sur nos positions, en chiens de faïence, avec mon vietnamien qui restait celui de la petite fille que j'avais été quand ton français n'avait pas progressé d'un iota. Nous avions cessé d'avoir une langue, un territoire, des intérêts communs, alors nous nous adressions l'une à l'autre par des gestes tendres et doux, un échange de regards, une caresse dans les cheveux, un baiser sur la joue.

Aurais-je eu les mots, du reste, si j'avais voulu parler de ce dont nul ne parlait chez nous, que ce fût du fait de notre tempérament, de notre culture ou de la tradition de discrétion et de mutisme qui tenait lieu de colonne vertébrale au corps familial. La fatigue de la grossesse, les nausées, le corps gonflé et déformé, la douleur sans nom de l'accouchement qui vous déchire, la perte de repères, le moral qui fait des montagnes russes à cause des hormones, l'épuisement des nuits blanches, le baby blues qui s'éternise, la vessie qui ne répond plus, la chevelure réduite d'un tiers, ne constituaient pas plus un sujet de conversation convenable que les bouleversements qu'entraînait le surgissement d'un petit être dépendant entièrement de vous, cette vie minuscule, plus fragile qu'un feu follet, qu'on soigne, allaite, chérit, protège, dont on observe l'évolution avec autant d'émerveillement que d'anxiété.

Je ne t'ai donc rien dit des premiers doutes et inquiétudes, lorsque je me suis rendu compte que Polo ne dormait pas, ne répondait pas à son prénom, ne pointait pas du doigt, ne s'intéressait à aucun jeu, ne regardait personne dans les yeux et fuyait le contact des autres enfants. Je ne t'ai rien confié du yo-yo d'espoir et de désespoir qui rythmait mon quotidien – « Tout va bien, madame, c'est un bébé, c'est normal qu'il ne fasse pas ses nuits ! », « Tout va bien, madame, il entend parfaitement ! », « Tout va bien, madame, il est juste un peu agité ! », « Tout va bien, madame, il va se développer, certains vont plus vite que d'autres, c'est tout ! », « Tout va bien, madame, c'est plutôt vous, le problème… » Jusqu'à ce que le diagnostic tombe comme un couperet : « Il souffre de troubles du spectre autistique, madame. »

L'existence de votre enfant sera diminuée et difficile, madame. Son corps grandira, mais il aura toujours dix-huit mois dans sa tête, madame. Il se réveillera toutes les nuits en hurlant, madame, à 2 heures, 3 heures, 4 heures du matin, et tantôt se recouchera après une heure et demie de veille, tantôt ne se rendormira pas, et restera à pleurer, indéfiniment, et plus tard à galoper dans toute votre maison sans pouvoir s'arrêter, lançant et arrachant tout ce qui lui tombe sous la main, poussant des cris, réclamant à boire et à manger, compissant sa chambre lorsque, épuisée, vous vous serez recouchée l'espace d'une demi-heure. Il se jettera par terre en poussant des cris de bête sans que vous sachiez pourquoi, se roulera de douleur en se débattant dans tous les sens, en s'arrachant les cheveux et se frappant la tête, et vous serez impuissante à le soulager, madame. Il ne parlera jamais, ne lira jamais, ne pourra jamais aller à l'école, avoir un travail, des amis, une relation amoureuse, madame. Il s'amusera à vider les bouteilles d'eau, d'huile et de jus de fruits, les gourdes de compote, les verres de vin dans tout l'appartement et vous vous réveillerez pour découvrir le salon, la cuisine et la salle de bains noyés dans la gadoue.

Tout ce que vous pourrez faire, c'est de l'accompagner dans sa folie, de vous émouvoir de sa poésie, de vous réjouir de ses sourires – estimez-vous heureuse qu'il sourie, madame, ce n'est pas le cas de tous les enfants souffrants de trouble du spectre autistique, certains détestent qu'on les touche, les embrasse, les étreigne. Polo, lui, vous prendra la main, aimera se glisser à vos côtés dans le lit, humer vos cheveux (même s'il les tirera aussi), caresser votre joue (même s'il la griffera aussi), se serrer contre vous (même s'il vous mordra aussi). Polo vous aimera et le montrera, et ce sera d'autant plus dur, madame, puisque vous ne pourrez rien faire à part supposer, espérer, échafauder des hypothèses, vous ne pourrez rien faire à part le protéger au mieux de l'injustice d'une société qui rejette les vulnérables et les différents, et prier pour que quand vous ne serez plus là, le monde ait changé et que quelqu'un d'autre s'en charge à votre place.

Nous n'avons jamais pu parler du fait que mon fils, ton arrière-petit-fils, ne pourrait jamais parler, *Bà*. Que nous ne saurions rien, malgré tous nos efforts, de ce qu'il pensait, sentait, désirait, imaginait. Je garde seulement l'image de ta main ridée saisissant sa menotte si charnue, si menue, le lendemain de sa naissance, quand tu es venue me voir à l'hôpital. La façon dont tu l'as pris dans tes bras, dont tu l'as bercé, dont tu l'as regardé, dont tu l'as embrassé, respirant son cou et ses cheveux comme tu le faisais avec moi autrefois. Je me souviens de ta joie sans bruit, de ton sourire paisible et de tes yeux lumineux, presque incrédules, tandis que tu contemplais cette créature si neuve et si fragile recroquevillée contre toi.

Mon père t'a traduit les passages te concernant dans mon premier roman, *La Princesse et le Pêcheur*, où la narratrice couche sur le papier l'affection qu'elle éprouve pour sa grand-mère et les cogitations que lui inspire la contrée où cette dernière a vu le jour, à la fois sanglante et radieuse, revêtant tantôt les couleurs de la guerre, tantôt celles d'un pays flottant et dépourvu de contours, prêt à s'évanouir pour peu qu'on tente de le fixer, pareil au Royaume des immortelles dont Tu Thuc fut autrefois expulsé.

Mon père t'a donc lu et traduit à haute voix ce que je ressentais pour toi, *Bà*, mais quand je t'ai interrogée sur ce que tu en avais pensé, tu ne m'as pas répondu. Tu as laissé mes questions glisser sur toi et tu n'as pas eu une phrase, un mot, pour exprimer ton sentiment. Il est des silences liés à la peur d'être dénoncé parce que vos propos seront évalués, pesés, jugés dangereux par un gouvernement qui refuse de reconnaître qu'il n'y a aucun tort, aucun crime – aussi ne disait-on jamais, dans la famille, que ton mari et ton beau-père avaient été « tués » ou « assassinés ». On parlait, au mieux, de « départ », d'« absence », de « disparition », non sans baisser la voix – et les yeux – et la plupart du temps, on n'en parlait pas. Mon grand-père et mon arrière-grand-père avaient été escamotés : ils avaient été là, ils ne l'étaient plus, et leur trace ne subsistait plus qu'en creux des conversations, par allusions masquées, mentions furtives et chuchotées.

Ils s'étaient évanouis dans l'air comme ces Japonais qui abandonnent la vie qu'ils menaient pour passer sous les radars et devenir des fantômes vivants – des évaporés.

Il est des silences liés à la difficulté de nommer et de reconnaître une insurmontable douleur, de mettre des mots sur des moments trop durs, trop atroces, trop effroyables pour qu'on y revienne. Y survivre a déjà été une telle épreuve qu'on ne peut poursuivre son chemin qu'en tournant résolument le dos au passé, en jetant un voile pareil à une chape sur ces souffrances indicibles qu'on aimerait juste retrancher de soi, réduire à une mue qu'on abandonne. Ton silence était d'une autre nature et demeure pour moi en partie opaque, impénétrable, comme les forêts des contes. Était-il devenu une habitude, une façon d'être ? À force de garder les choses en soi et pour soi, finissent-elles par disparaître, elles aussi ? Je ne saurai jamais ce que tu as pensé et j'ignore pourquoi tu t'es tue. Tout juste as-tu mentionné ton regret de ne pouvoir lire mes textes dans la langue que nous avions partagée autrefois, cette langue qui restait la tienne et n'était plus la mienne, ce vietnamien resté figé dans le temps, celui des besoins et des désirs d'une petite fille qui ne connaît du monde que ce que sa grand-mère lui en a raconté, une petite fille qui ne sait ni lire, ni écrire, ni disserter sur quoi que ce soit d'abstrait, et ne vit que par ce qu'elle touche, hume, respire, goûte, voit, entend.

Donc quand je t'ai demandé si tu avais aimé mon livre, et ce que j'y disais de toi, de nous, tu es restée muette et je n'ai rien ajouté. Je m'étais moi aussi habituée à ce qu'on m'oppose le silence, il m'était devenu naturel, et il y avait longtemps que j'avais renoncé à obtenir un semblant de réponse à mes questions, une réaction ou un commentaire sur ce que je faisais, confiais, affirmais. J'ai été pétrie de vos non-dits, ils font partie de vous autant qu'ils font partie de moi, j'y évolue tel un skieur qui slalome entre les portes de son parcours, et j'en connais toutes les nuances, comme je sais distinguer le silence dans mon appartement de celui des bibliothèques où je passais tous mes mercredis et mes samedis après-midi quand j'étais enfant, celui régnant dans la maison de famille de mon mari en Ardèche, seulement troublé par le murmure d'une rivière qui coule à quelques mètres de là, de celui de Paris pendant le confinement, lorsque aucune voiture ne roulait plus sur les Grands Boulevards, lorsque aucun café ni restaurant n'avait la possibilité d'accueillir un client, et que les oiseaux chantaient alors que Polo traversait en trottinette la place Vendôme ou la rue de Rivoli désertées, rasant les grilles des Tuileries closes pour un temps indéfini…

En vietnamien, on a mille expressions pour décrire la pluie. *Mua bong may*, littéralement « la pluie d'ombre du nuage », désigne une éphémère petite pluie d'automne. *Mua roi*, les ondées qui annoncent la saison des néréides, des vers blancs comestibles, vers les neuvième et dixième mois lunaires. *Mua ngau*, des vagues de pluie de longue durée qui tirent leur nom d'une légende chinoise – celle de deux époux séparés par le Ciel mais qui se retrouvent une fois l'an sur un pont formé par des corbeaux, et dont les larmes versées retombent alors sur Terre… Ne devrions-nous pas nous aussi disposer d'une quantité infinie de mots pour évoquer toutes les réalités que recouvre ce terme unique : « silence » ?

J'ignore si tu étais fière, contente, ou indifférente, si le fait que je sois écrivain présentait un intérêt à tes yeux, mais j'espère que tu as été heureuse de ce qu'on t'a traduit, non pas tant d'ailleurs du portrait qui était fait de toi que de l'hommage rendu au frère qui vous avait recueillis, mon père et toi – tu ne pensais jamais qu'aux autres… Mes livres n'ont commencé à être disponibles en vietnamien qu'après ta mort. Il reste que quelque chose de mon amour pour toi t'a été transmis, *Bà*, quand personne ne lira à mon fils le livre que je lui ai dédié, quand il n'est rien qui permette de lui traduire l'amour que j'ai pour lui, l'indicible tristesse que j'éprouve à l'idée de la vie qui l'attend, la détresse que je cache sous une plaisanterie pour éviter d'indisposer ou de faire peur, la brisure que je porte en moi et avec laquelle je marche chaque jour. J'ai perdu notre langue, je n'accéderai jamais à celle de Polo, et les choses auraient pu s'arrêter là et, à dire vrai, s'étaient bel et bien arrêtées là quand tu nous as quittés, à quatre-vingt-quinze ans, après une chute qui a conduit à ton hospitalisation. Tu semblais te rétablir et ton fils cherchait pour toi une maison médicalisée qui t'accueillerait après ta convalescence, ayant lui-même dépassé les soixante-dix ans. J'ai souvent imaginé que tu avais choisi de quitter ce monde dès lors que tu avais pris conscience que tu ne pourrais pas retourner dans le pavillon de banlieue où tu avais vécu tant d'années et qui était devenu ta maison. Tu es partie une nuit d'hiver, et ma seule consolation est que j'ai pu passer un peu de temps à tes côtés avant que le rideau ne tombe. Nous ne parvenions toujours pas à parler du cœur de nos vies, mais je me tenais à tes côtés. Avec ma sœur nous avons pu nous occuper un peu de toi, te laver les dents, brosser tes cheveux, te tenir la main, échanger quelques mots, nous avons fait du mieux que nous pouvions et même si ce n'était pas assez, même si cela n'aurait jamais pu être assez, nous avons tâché de prendre soin de toi comme tu avais pris soin de nous, et nous avons échoué, naturellement, mais c'était mieux que rien et c'est ce à quoi je me suis longtemps raccrochée après ta mort.

Tu es partie sans savoir que l'histoire ne s'achèverait pas comme on le croyait – avant que ne surgisse celui qui allait en détourner le cours, même s'il ne fut pas seul à la manœuvrer. Mon mari et moi étions plus ou moins revenus à nous, nous avancions, quoique avec beaucoup de peine et l'âme alourdie, mais nous avancions. Nous avions beau avoir trouvé pour notre fils une prise en charge adaptée, nous avions beau avoir fait tout ce qu'il fallait comme il fallait, nous ne sauverions pas Polo et nous en avions pris conscience. J'aurais donné tout mon sang si cela avait pu l'aider, mais cela ne l'aurait pas aidé. J'aurais tout fait, tout accepté, tout sacrifié. Mais cela n'aurait servi à rien. Notre fils n'avait pas le profil de ces jeunes patients qui progressent jusqu'à oublier qu'ils ont un jour été autistes ou de ceux qui, sans connaître un destin aussi miraculeux, profitent de ce que ces techniques peuvent apporter. Il mènerait une existence uniquement guidée par les sensations et les plaisirs d'un très petit enfant, un très petit enfant dont il faudrait prendre soin jusqu'à la fin, et voilà tout. Il arrive que les efforts ne soient pas récompensés, que le courage soit inutile et l'innocent condamné. Il arrive que les histoires finissent mal, c'est ainsi, c'est la vie.

Et puis Serge a surgi. Un petit frère tout rond, tout dodu, tout joufflu, que tu aurais adoré prendre dans tes bras. Un petit frère rieur qui a très vite appris à marcher, à parler et à jouer, un petit frère au vocabulaire élaboré – « Non, maman, pas les chaussettes, ça me gêne ! », « Maman, tu peux mettre le cube dans le godet de la pelleteuse ? », « Voilà un excellent travail d'équipe, papa ! » – qui nous a épuisés et donné à la fois l'envie de continuer. Un petit frère qui insupportait Polo de par sa voix flûtée et ses pleurs de bébé, sa quête d'attention, son obstination et son omniprésence, au point que mon mari et moi en sommes venus, après trois ans d'un régime où nous en avons vu de toutes les couleurs, à prendre un autre appartement. Mon mari a emménagé avec notre aîné, ce qui met les deux frères à l'abri l'un de l'autre le temps que le plus jeune grandisse. Nous réinventons ainsi chaque jour l'amour, la famille et l'idée même de maison et, pour l'instant, nous y arrivons. Tu es partie avant de nous voir nous redresser et poursuivre à quatre notre chemin. En attendant, je raconte à Serge des histoires comme toi autrefois, comme la grand-mère de *La Princesse et le Pêcheur*, comme toutes les mères et les grands-mères du monde.

Je ne sais plus combien de fois Serge m'a réclamé *L'Oiseau de feu*, où se confrontent deux frères aussi différents de traits que de cœur. L'aîné, Duc, disgracieux, égoïste et paresseux, passe son temps à prendre le frais dans la demeure familiale tandis que son cadet, Lanh, s'occupe des travaux des champs et de toutes les corvées. Lanh est très aimé des habitants du village, à qui il ne manque jamais de rendre service, donnant à l'un un sachet de semences, prêtant à l'autre un buffle au moment des labours, voire ses propres bras au moment de la récolte. On ne tarit pas d'éloges sur son bon caractère – et sur sa beauté, qui ne gâche rien. Quelle différence avec l'aigreur et le manque de générosité de l'aîné ! Il est presque incroyable que ces deux-là soient frères… L'aîné n'ignore pas ce qu'on dit d'eux et envie son cadet. Il aimerait lui aussi ployer sous les compliments mais n'est pas prêt à faire le moindre effort pour les obtenir et se contente donc de lancer à son frère des regards noirs sans que ce dernier n'ait aucune idée de ses sentiments.

Tous deux vivent confortablement grâce à leurs parents qui leur ont laissé en héritage une demeure spacieuse, du bétail, des vergers et des rizières fertiles, ainsi qu'un petit champ un peu à l'écart, certes aride et pierreux, à l'exception d'un carambolier aux fruits dorés. Le domaine prospère grâce aux soins du frère cadet et cela pourrait durer toute leur vie si, le temps passant, l'un et l'autre ne décidaient de prendre femme. Tous deux jettent leur dévolu sur des jeunes filles à leur image : l'épouse de l'aîné est stupide comme une oie, pingre et superficielle. Celle du cadet modeste, intelligente et avisée.

Les invités ont à peine quitté le banquet de noces que l'aîné fait appeler son cadet. « Mon frère, à présent que nous avons pris femme, il me semble préférable que nous nous installions chacun de notre côté. Étant le plus âgé, j'ai l'obligation d'engager tous les frais concernant l'autel des ancêtres. Pour ne pas succomber sous ce fardeau, je n'ai d'autre choix que de m'adjuger la maison, les vergers, les rizières et les bêtes. » « Et que nous restera-t-il donc pour vivre, à ma femme et moi ? », demande Lanh avec douceur. « Oh, mais le petit champ de l'Ouest avec son carambolier ! Il y a là-bas une cabane qui vous suffira largement, si j'en crois toutes les vertus dont le village vous pare. À un couple beau et courageux, dans la fleur de l'âge de surcroît, rien n'est impossible ! Je suis sûr que vous y serez très heureux », déclare l'aîné sur un ton empreint d'ironie.

Conformément aux préceptes confucéens, le cadet se tait et s'incline devant son aîné, à qui il doit par principe respect et obéissance. Son épouse et lui emballent la vaisselle ébréchée et le linge usé qu'on leur a laissés et se rendent dans la paillote qui fait face à leur champ. La femme du cadet observe que la vie va être dure. Pour l'heure, ils sont jeunes et peuvent se consacrer à cette terre pleine de cailloux qui ne les dédommagera jamais de leurs efforts. Ils peuvent aussi chercher du travail ailleurs pour ne pas mourir de faim. Mais pour peu qu'ils tombent malades ou aient un enfant…

Lanh lui montre alors le carambolier, ce qui lui rend le sourire. S'ils en prennent soin, l'arbre donnera des caramboles à profusion, juteuses, sucrées, dorées, qu'on pourra déguster avec délice, mais aussi vendre au marché. Ils constitueront ainsi un pécule, un filet de sécurité pour les jours difficiles ou pour préparer l'arrivée de leur enfant ! Sa compagne, à cette idée, reprend courage. Le couple veille sur l'arbre comme sur la prunelle de ses yeux et constate, pour sa plus grande joie, que les fruits en forme d'étoiles ne cessent de se multiplier, attend non sans impatience qu'ils arrivent à maturité pour pourvoir les récolter. Tous les matins et tous les soirs, en allant aux champs comme en rentrant, le cadet s'arrête pour admirer son trésor en devenir, le cœur gonflé de fierté.

Mais voilà qu'un soir il aperçoit au sommet de l'arbre un oiseau splendide qui semble d'or et de feu tant son plumage étincelle dans le soleil couchant. Il plante son bec dans les caramboles presque mûres, se gorge de jus et dévore à plaisir les fruits d'un jaune éclatant. Le premier instinct de Lanh est de le chasser, mais il se ravise : l'oiseau est d'une telle beauté… Aussi silencieusement que possible pour ne pas l'effrayer, il s'en va quérir son épouse pour lui montrer cette bête dont la tête mouchetée de points dorés semble couronnée d'un diadème, et dont les plumes scintillent comme aucun astre du jour et de la nuit. La jeune femme l'admire longuement, presque douloureusement. Chaque coup de bec lui pince le cœur. « Ah, bel oiseau d'or, bel oiseau de feu, ne grignote pas toutes nos caramboles, s'il te plaît. C'est là notre seule richesse, notre seule chance de survie ! » souffle-t-elle.

À son grand étonnement, l'oiseau se tourne alors pour s'adresser à elle, avec une voix humaine : « Ne crains rien, belle enfant, pour chacun des fruits si doux que je picore, je t'offrirai son équivalent en or ! Je ne suis pas un voleur : quand je prends, je donne en retour. Vous avez eu la bonté et la générosité de ne pas me chasser : vous serez récompensés. Que ton mari revienne demain me retrouver à la même heure, avec un sac de toile de trois empans, pas un de plus. Vous ne le regretterez pas ! » Sur ces paroles, il salue les époux ébahis et, dans un grand mouvement d'ailes, s'envole dans la nuit en laissant derrière lui une traînée pareille à celle d'une étoile filante.

Le couple se regarde un instant en se demandant si tous deux n'ont pas rêvé. Le lendemain, la femme du cadet s'attache à tout hasard à coudre des morceaux de tissu afin de confectionner le sac requis, en veillant à bien respecter les dimensions indiquées, et son mari se rend à l'heure dite au pied du carambolier. Chose promise, chose due : l'oiseau est bien là. Il se pose avec grâce sur le sol et se penche pour offrir au jeune homme de monter sur lui. Ils prennent leur envol, l'oiseau portant son passager comme s'il ne pesait pas plus lourd qu'une plume. Lanh s'accroche à son cou mordoré tout en admirant les paysages qui défilent : forêts déclinant toutes les nuances de vert, du sapin à l'avocatier, mers mouvantes où la lune joue, dessinant d'étranges formes à leur surface, vastes canyons aux gorges sinueuses et aux reliefs abrupts, déserts à la blancheur immaculée où le sable semble du sel, montagnes bleutées dont les sommets se fondent avec les nuages.

Soudain, l'oiseau-fée pique droit vers une montagne isolée et s'incline pour aider Lanh à descendre. De son aile, il lui indique un passage dérobé : « Cette entrée mène à une grotte qui abrite un trésor comme tu n'en as jamais vu. Tu as le droit d'emporter ce que ton sac pourra contenir, sans plus, mais cela suffira aux besoins de ta femme et toi, de vos enfants, de vos petits-enfants, et bien au-delà… Va ! » Le frère cadet pénètre dans la grotte et reste ébloui : sous des stalactites de diamant et des cascades de perles, des monceaux de pièces et de pépites étincellent, formant un véritable lac d'or semé d'îlots de saphirs, d'améthystes, d'émeraudes, de topazes… Le cadet en reste d'abord bouche bée puis, se rappelant que l'oiseau l'attend, il remplit son sac d'or, et y ajoute deux perles, un diamant et un rubis.

Quand il sort rejoindre son compagnon, ce dernier le morigène : « Voyons, ce sac n'est même pas rempli aux trois quarts ! Retourne dans la caverne… » Le cadet le remercie tout en refusant avec courtoisie. Avec ce qu'il a pris, lui et sa femme pourront acheter des terres, un bon cheptel, construire une maison, et c'est amplement suffisant. Il fera monter les perles en boucles d'oreille pour sa femme, le diamant en pendentif, et ils garderont le rubis en souvenir de cette merveilleuse aventure : « Il a exactement la couleur de votre plumage dans le soleil couchant. » L'oiseau-fée a beau insister, le cadet demeure inflexible et finit par prendre place afin de rentrer chez lui.

Quand la femme de Lanh le voit réapparaître, elle sent un grand poids la quitter. Son soulagement se mue en une joie immense lorsque son mari lui dévoile les pièces d'or, le diamant, les perles et le rubis. Tous deux témoignent leur gratitude à l'oiseau, qui leur souhaite le meilleur avant de regagner d'un battement d'ailes le ciel azuré. Le cadet et son épouse sont désormais plus riches qu'aucun mandarin de la région ne l'a jamais été. Et comme ils sont restés simples et généreux, et font tout ce qu'ils peuvent pour aider ceux qui n'ont pas eu leur chance, le village continue de les porter aux nues, pour la plus grande jalousie de Duc, qui se jure de découvrir le secret de cette soudaine prospérité.

Il n'a pas besoin de chercher longtemps : un jour où il lui rend visite dans sa nouvelle maison, son cadet lui conte sans détour son aventure. Déguisant son dépit, Duc se fait répéter plusieurs fois l'histoire dans ses moindres détails. Quand Lanh lui décrit le trésor, son cœur se met à battre d'une avidité immodérée : ces richesses dont nul mortel n'oserait rêver, il les lui faut. Mais ce n'est évidemment pas le discours qu'il tient à son frère et à sa belle-sœur. Prenant un ton désolé, il exprime son regret d'avoir inégalement réparti l'héritage. « C'était injuste de ma part et, depuis lors, je ne ferme plus l'œil : il me faut réparer et c'est pour cela que je suis là aujourd'hui. Échangeons nos places, je vous en conjure ! C'est à vous que revient la maison de nos parents. Mon épouse et moi-même serons ravis d'emménager près du champ de l'Ouest... » Lanh et sa femme ont beau arguer qu'ils disposent à présent de tout ce dont ils ont besoin, l'aîné s'entête, et son entêtement finit par venir à bout de leurs scrupules.

Peu après, Duc emménage dans la paillote, s'habille de hardes comme l'un de ces miséreux qu'il méprise et s'installe près de l'arbre pour guetter l'oiseau. Il ne tarde pas à obtenir satisfaction : dans un grand battement d'ailes dorées, l'animal fabuleux se perche au sommet du carambolier dont il commence de picorer les fruits. Les plaintes de l'homme retentissent aussitôt, qui a du mal à cacher son excitation sous les sanglots : « Mon Dieu ! Je suis si pauvre que j'ai à peine de quoi me nourrir, et voilà qu'on me vole les caramboles sur lesquelles je comptais tant ! Que va-t-il advenir de moi ? » La voix de l'oiseau d'or se fait aussitôt entendre : « Je ne suis pas un voleur. Quand on me donne, je rends au centuple. Prépare un sac de trois empans, pas un de plus, et retrouve-moi ici demain à la même heure. Tu ne seras pas déçu, crois-moi ! » Et il reprend son envol dans la nuit.

Duc se frotte les mains et demande à son épouse de confectionner un sac. Seulement, qui voudrait de trois empans quand on peut puiser à l'infini dans une montagne d'or ? Ils ne sont pas si bêtes. La femme en est d'accord et en ajoute dix, vingt, trente de plus, au point que l'époux, quand il se rend au carambolier, tire un sac dans lequel il pourrait tenir tout entier. L'oiseau pose sur lui un regard peu amène : « Ne t'avais-je pas dit trois empans ? » « Ah, bah, quand on a passé des années à souffrir de la faim et du froid comme moi, on prend ses précautions, voilà tout ! », réplique l'homme tout en se juchant sans façons sur l'oiseau, qui soupire mais finit par prendre son envol avec son encombrant passager.

Ce dernier demeure indifférent aux merveilles de la nature qui lui sont dévoilées pendant le voyage. Il n'a qu'une hâte, arriver à la montagne sacrée et s'emparer du trésor – son trésor. Il ferme les yeux pour imaginer l'or en lingots, pièces et pépites, répartit en esprit les pierres précieuses selon leur couleur, leur taille, leur poids, réfléchit aux cachettes qu'il faudra aménager pour dissimuler ses richesses, se perd en calculs divers. Il fera construire une maison deux fois, non, trois fois plus grande que celle de Lanh ! Ne s'habillera plus que de soie. Se constituera une collection de diamants que même l'empereur lui enviera. D'ailleurs il s'achètera une charge de mandarin et gouvernera une province... Avec un tel trésor, rien n'est impossible !

Quand l'oiseau atterrit, Duc ne se tient plus de joie. Il n'écoute rien des recommandations de sa céleste monture et se précipite avec, derrière lui, son sac qui lui fait comme une traîne. Il demeure un instant ébloui par ce qu'il découvre dans la caverne mais se ressaisit vite : il n'est pas là pour admirer, mais pour prendre. Non content de remplir son sac d'or, il bourre également ses poches de diamants, et noue ses manches de chemise et ses jambes de pantalons afin d'y déposer saphirs et rubis. Il ressemble à un bibendum lorsqu'il sort enfin de la grotte, un énorme culbuto qui chancelle sous le poids de tout ce dont il s'est chargé.

« Je vais avoir beaucoup de mal à te porter, observe l'oiseau. Ne veux-tu pas au moins vider ce que tu as dans tes habits ? » Duc secoue la tête. « C'est bon, je n'en ai pas pris tant que ça, il reste encore de quoi satisfaire plusieurs générations de propriétaires de caramboliers, rétorque-t-il avant de grimper sur l'oiseau. Résigné, ce dernier se tait et, crispé par l'effort, tente de gagner l'azur. Lui qui survolait le monde à hauteur de nuages tantôt maintient à présent difficilement le cap. Il tangue de-ci de-là, fragilisé par son fardeau, jusqu'à se sentir sérieusement faiblir alors qu'ils se trouvent au-dessus de l'océan. « Il faut que tu te débarrasses de ton sac, je ne peux plus te porter ! » crie-t-il à son passager. « Jeter mon or ?! Tu es fou ! » réplique Duc, qui s'accroche à ses richesses comme si sa vie en dépendait, sans se rendre compte qu'en effet elle en dépend.

« Si tu ne m'allèges pas, nous mourrons tous les deux : il m'est impossible de tenir plus longtemps ! » avertit l'oiseau-fée. Duc est terrifié : ils se rapprochent en effet dangereusement des eaux. Malgré ce, il continue de se cramponner au sac comme à l'oiseau, qui rase les ondes avant de s'y abattre, à bout de forces. Déséquilibré, l'homme roule et dégringole de sa monture qui, débarrassée, regagne aussitôt les airs. Duc, lui, finit par lâcher son or. Mais c'est compter sans les joyaux dans ses vêtements qui pèsent plus lourd que du plomb, si bien que l'homme coule à pic avec son trésor inutile…

Quand tu me le lisais, la morale de ce conte me semblait sans énigme : l'honnêteté, la générosité et le respect des liens familiaux sont récompensés, quand l'avidité et l'hypocrisie ne porteront jamais leurs fruits. J'y vois d'autres choses aujourd'hui. J'ai parlé dans un autre livre du *kintsugi*, pratique nipponne qui veut, lorsqu'on brise une tasse, une assiette, un vase, qu'on choisisse non pas de recoller les morceaux à l'aide d'un vernis généralement toxique donnant l'illusion que l'objet est intact, mais de souligner les cassures en les passant à un mélange de sève et d'or 24 carats. Cet art, né du désir d'un shogun qui ne se consolait pas d'avoir cassé son bol à thé favori, est devenu, au fil du temps, une métaphore : plutôt que de nier les épreuves, la douleur, les blessures, pourquoi ne pas les accepter et les porter sur soi, comme d'autres un tatouage ? Plutôt que de cacher ma peine et d'en avoir honte, j'essaie de la transcender, de la passer à l'or, d'en tirer un peu de beauté et de lumière, d'atteindre cette vraie vie dont parle Proust, la vie enfin découverte et éclaircie, grâce à ces mots que j'écris, ces signes que j'adresse à ceux qui me sont chers et qui sont loin, même s'ils ne semblent ni me voir ni m'entendre, même s'ils ne *peuvent* ni me voir ni m'entendre, habitants d'une terre dont je demeurerai toujours séparée.

Relisant aujourd'hui à Serge *L'Oiseau de feu*, je songe que l'un des frères vit de son or et que l'autre est mort avec, que l'un de mes fils dispose de l'or des mots et l'autre non, que tu possédais une langue que j'ai perdue au profit d'une autre et que je ne retrouverai jamais, comme je ne retrouverai jamais ni ta tendresse, ni ton sourire, ni mon enfance à l'abri dans ton étreinte. Elle s'est évanouie dans l'infini comme les larmes se confondent avec la pluie. Tout s'est dissous. Écrire me permet tout juste d'en garder trace. Poser des phrases, des pensées, des idées, sur ton silence et sur celui de Paul, m'aide à me frayer un chemin dans le chaos, les aléas et la folie du monde tel qu'il va. Je sais que ce livre ne te ramènera pas davantage à la vie que nos efforts, à mon mari et à moi-même, n'ont ramené notre fils à nous, mais j'ai appris dans ma chair qu'à trop désirer, on finit par couler, tels Duc et son trésor inutile.

Alors j'embrasse, je couche et je caresse mes enfants en pensant à toi qui m'embrassais, me couchais et me caressais. Paul n'a pas la parole mais Serge l'a. Et si tu n'es plus, tu as été là, auprès de moi. J'ai eu cette joie.

Remerciements et précisions

Merci à Carole pour sa lecture et à Doan pour la pluie. À Alix, perle d'éditrice. À Cassandra, fidèle sherpa. À mon père, à qui je dois tellement.

Les deux livres sur Paul et Serge que j'évoque sont *Un enfant sans histoire* (Actes Sud, 2022, Babel, 2024) et *Ton frère* (Nil éditions, 2024).

NORD COMPO
multimédia

Composition et mise en pages
Nord Compo à Villeneuve-d'Ascq

Imprimé en France par CPI
en novembre 2024

Dépôt légal : janvier 2025
N° d'édition : 631590-0
N° d'impression : 180969